# アフリカ進出戦略ハンドブック

小池純司
平本督太郎
アフリカビジネス推進事務局

野村総合研究所

Business Strategy Handbook in **Africa**

東洋経済新報社

# はじめに

　アフリカ大陸は、2015年時点で約12億人弱の人口が2050年にはほぼ倍増し、20億人を超える巨大市場になると予測され、世界から熱い視線が注がれている。
　アフリカ大陸は、多様な顔を持っているモザイク地域である。アラブや地中海リゾートの雰囲気を持つ北アフリカ、広大なサバンナと高密度な都市機能が同居するサブサハラ、巨大なスラムの存在など、アフリカ市場といっても一括りにはできない。
　かつて、1960年には「アフリカの年」といわれるほど、多くの国が独立し、それから50年以上を経た現在、アフリカ大陸には54カ国が存在する。多数の民族を抱え、宗教については旧植民地時代の影響も少なくない。全人口約12億人弱の平均年齢は20歳代と若く、2030年時点でも若年者（24歳以下）が5割以上となる見込みである。
　同時期における若年層比率が、中国では3割以下、日本は約2割程度であることから考えると、このアフリカの人口パワーは将来の消費市場として無視できない、最後のフロンティア市場である。

　日本は、アフリカ各国の政治・経済体制が、まだ不安定だった1990年代以降、TICAD（アフリカ開発会議）を通じて、一貫して国家構築の支援を行ってきた。しかしながら、近年、欧州やアジア新興国の進出が著しく、20年以上前からアフリカ諸国と対話をしてきた日本の出遅れ感が否めない。2000年以降、外国留学等で世界の知見に触れたアフリカ諸国の指導層の2世・3世が祖国へ戻って、国家基盤の整備が進められている。その整備が進む中で、アフリカの豊かな資源を求めて多くの国々が相次いで進出している。
　2013年6月に開催されたTICAD V（第5回アフリカ開発会議）を機に、これまで援助・交流が主体だったのに対して、今後は官民連携と産業人材の育成

を重視し、日本とアフリカのパートナーシップ強化へと転換した。しかしながら、日本企業のアフリカへの進出状況をみると、アジア地域へのそれと比べて圧倒的に少ない。日本企業においては、いまだにアフリカ大陸に対する現状認識に誤解が多いのが現状である。多大な債務があり、内戦状態であるというイメージも根強い。国単位で考えると人口がそれほど多くなく、事業規模の面で尻込みする企業も多い。

　現在アフリカには複数の地域経済共同体が存在し、各経済共同体が自由貿易圏を形成して域内での貿易が活発化している。東南部アフリカ市場共同体（COMESA）や西アフリカ諸国経済共同体（ECOWAS）などは、10カ国以上で構成され、3億人以上の一体的経済圏を形成している。民主化、都市化も進展してナイジェリア・ラゴスのような1000万人都市も出現、購買力ある中間層も育ちつつある。その一方で、BoPビジネスや、社会インフラ整備に対する需要も旺盛である。日本がアジアで貢献してきたビジネス経験を、アフリカ大陸で活かせる機会が豊富に存在している。

　すでに先行的に進出している日本企業の関係者の方々と現地で議論をすると、現地の人々の声を直接聞いて、地域の伝統や商慣習を深く理解した上で、必要となる製品やサービスの提案に力を入れているのがわかる。まさに、現地密着型の事業展開を着実に推進している。グローバル戦略の一つとしてアフリカ市場開拓を位置づけて、信頼できる現地のパートナーを探索し、国連や政府機関等と連携しながら、人材やネットワークなどの経営資源を確保して事業展開を図っている。

　また、市場の特性を考えると、短期的な利益追求だけではなく、中長期的に市場を育成していくことで地域全体を豊かにして、巡り巡ってビジネスが拡大するという発想も重要である。人々の生活水準の向上に寄与するという社会貢献的な視点を持つことが、結果的に強いビジネスにつながっている。

　野村総合研究所（NRI）では、近年、多くの日本企業や日本政府機関から、アフリカ進出に関する支援の要請をいただいてきた。こうした活動をさらに迅速かつ高度化していくために、南アフリカの貿易産業省、ケニア・タンザ

ニア・チュニジア・モーリシャスの各国投資庁と日本企業進出促進に関する覚書を締結し、こうした現地機関と協力してアフリカで日本企業の進出支援を行っている。

　本書はこうした野村総合研究所のアフリカ市場向けの調査やコンサルテーションを実施してきたコンサルタントが経験と実践を通じて得た知見をもとに、今後のアフリカ市場に対する日本企業の戦略についての示唆を提示するものである。アフリカビジネスに携わる企業経営者・担当者の皆様にとって、本書が役立つことを願ってやまない。

野村総合研究所　コンサルティング事業本部
執行役員　副本部長
立松 博史

※本書では、執筆時においてできる限り最新のデータを用いて、図表作成・分析を行っている。他方で、アフリカ地域の特性として信憑性の高い情報が毎年収集・整理・公表されていないという状況がある。そのため、図表・分析によっては、最新データとして数年前のデータを扱っている場合があることに注意してほしい。

はじめに　3

# 第1章　急成長するアフリカ市場

## 1　世界中から注目される最後のフロンティア市場 …… 15
1. 人口増加で中国、インドを上回る　15
2. 日本企業のアフリカへの進出は限定的　16
3. アフリカ進出で先行する海外グローバル企業　17

## 2　アフリカ市場に対する誤解と実態 …… 20
1. 誤解その1：特定業種のみが参入する市場である　20
2. 誤解その2：市場規模が小さく、事業展開できる国は限られる　24
3. 誤解その3：日本の高品質・高価格の製品は好まれない　25
4. 誤解その4：製品やサービスは「二番煎じ」である　33

## 3　アフリカ市場への進出を阻む3つの障壁 …… 36
1. アフリカ市場の成長における不確実性　36
2. 安価な製品・サービスの普及　37
3. 生産拠点としてのハードルの高さ　39

コラム①　日本からどうやってアフリカ大陸に行くのがよいか？　40

# 第2章　アフリカ市場の読み解き方

## 1　アフリカ各国の3つのリスク …… 48
1. アフリカにおける安全面のリスク　48
2. アフリカにおける政策・事業環境リスク　49

3　アフリカにおける気候変動リスク　51
　　　4　アフリカにおけるリスクが高い国々　53

## 2　アフリカ各国の3つのビジネスチャンス　53
　　　1　マクロ指標から見た市場の成熟度　53
　　　2　4つのカテゴリー分類で有望市場を見極める　55
　　　3　企業の現地中核拠点としての重要度　56
　　　4　金融機関の投融資対象としてのアフリカ市場の有望度　60
　　　5　日本企業にとっての有望ビジネスと産業分野のマッピング例　62
　　　コラム②　アフリカ各国にある日本政府機関との付き合い方　65

# 第3章　アフリカ市場への4つのエントリー戦略

## 1　核となる国々に対する段階的投資による進出　69

## 2　BtoG/B市場を核とした進出　71

## 3　第三国企業との連携による進出　75
　　　1　欧州、中東からの統括は限界がある　75
　　　2　インド、トルコからのアフリカへの展開　77

## 4　現地企業に対するM&Aを通じた複数国同時進出　82
　　　コラム③　アフリカの気候〜冬のコートが必要なこともある　88

# 第4章　先進企業事例に学ぶアフリカビジネス

### 事例1　アフリカのインフラを支える：GE（重電）　93
　　　1　電力・運輸・水・ヘルスケア分野を積極推進　93
　　　2　現地政府とのパートナーシップに注力　93
　　　3　成功要因は金融ツールの普及による市場創造　94

| 事例2 | アフリカのエネルギーを管理する：
**シュナイダーエレクトリック** (重電) ......... 97 |
|---|---|

 ① フランス語圏からアフリカ全域をカバー 97
 ② 現地企業のＭ＆Ａ、販売代理店の拠点化を推進 97
 ③ 成功要因は「エネルギー関連市場の創造」と
  「イノベーションへの積極投資」 98

| 事例3 | アフリカの農業に機械化を促す：
**AGCO** (農機) ......... 102 |
|---|---|

 ① ディーラーを通じて農機を販売 102
 ② 現地政府や他の農業関連企業と連携 102
 ③ 成功要因は積極的な関連ネットワークの拡大 103

| 事例4 | アフリカの人々の喉を潤す：
**サブミラー** (飲料) ......... 107 |
|---|---|

 ① ビールを中心とした飲料を販売 107
 ② 現地化を重視し「御当地ビール」に注力 107
 ③ 成功要因は飲料のバリューチェーンの確立 108

| 事例5 | アフリカの人々に快適さを提供する：
**LGエレクトロニクス** (家電) ......... 111 |
|---|---|

 ① 携帯電話、家電、エアコンなどを展開 111
 ② 現地の大手流通事業者とも提携 111
 ③ インドでの成功例をアフリカへ輸出 111

| 事例6 | アフリカにおけるライフスタイルを変革する：
**海信電器**（ハイセンス）(家電) ......... 115 |
|---|---|

 ① 家電製品・業務用電気製品等を製造・販売 115
 ② 南アなど経済成長している国から積極展開 115
 ③ 成功要因は「中国政府との連携」と「既存工場の積極的な活用」 116

| 事例7 | アフリカの人々に身近な交通手段を提供する：
**バジャジ・オート** (二輪・三輪) ......... 120 |
|---|---|

 ① 二輪バイクや三輪自動車を20カ国以上で販売 120

2　インド大手の強みを生かしサブサハラで成功　120

**事例8**　アフリカの水関連インフラを支える：
**キルロスカ・ブラザーズ**（ポンプ・バルブ）……123
　　1　ポンプ、バルブに加え、エンジンなども販売　123
　　2　成功要因はインドで培われた低コストでの供給力　123

**事例9**　アフリカのモビリティを発展させる：
**本田技研工業**（二輪・四輪）……126
　　1　現地消費者向けにバイクや乗用車を開発・製造・販売　126
　　2　現地市場のニーズに合わせた二輪車を展開　126
　　3　中国・インド製バイクとは価格ではなく品質で勝負　127

**事例10**　アフリカの自動車社会を支える：
**住友ゴム工業**（自動車関連製品）……129
　　1　南アフリカに製造拠点を持ち、タイヤ販売を拡大　129
　　2　成功要因はM＆Aの活用　129

**事例11**　アフリカに豊かな食品を提供する：
**レオン自動機**（食品生産機械）……132
　　1　エジプト、ナイジェリアなど13の国々に実績　132
　　2　顧客の満足度を高め、事業を拡大　132
　　3　アフリカの食文化に貢献　133
　　4　アフリカのリスクを熟知しチャンスを拡大　133

**事例12**　アフリカに静脈産業を根付かせる：
**会宝産業**（中古自動車部品）……136
　　1　世界76カ国に中古部品を販売　136
　　2　口コミによるバイヤーの新規開拓に注力　136
　　3　成功要因は「事業の発展を見据えた仕組みづくり」　137
　コラム④　出張時の通関と両替で注意すべきこと　142

# 第5章 アフリカ市場進出に向けた検討ステップ

## 1 進出国・現地中核拠点の選定 ……………………………………………………… 147
- 1 他国とのつながりから現地中核拠点としての適性を判断する　147
- 2 進出国・現地中核拠点の例　150

## 2 現地パートナー探索 ………………………………………………………………… 152

## 3 アフリカ市場に合わせた事業の再構築 …………………………………………… 157
- 1 製造戦略の再構築　157
- 2 販売戦略の再構築　166
- 3 アフターサービス戦略の再構築　168

コラム⑤　アフリカでの観光、サファリがおすすめ　174

# 第6章 アフリカ主要5カ国の概況

## 1 南アフリカ〜中間層が台頭するアフリカ随一の経済大国 ……………………… 178
- 1 1人当たりGDPはタイ、インドネシアなどを上回る　178
- 2 外資規制は厳しくなく、わかりやすい　183

## 2 エジプト〜中東各国との共通点が多く、市場規模が大きい …………………… 183
- 1 中間層人口はアフリカ最大で製造業比率が高い　183
- 2 外資規制では代理業法に注意が必要　186

## 3 ケニア〜経済成長が進んでいる東アフリカのハブ国 …………………………… 188
- 1 人・モノ・カネが集まるハブ機能の強さが魅力　188
- 2 輸出加工区や税制で外資を優遇　191

## 4 タンザニア〜治安の良さが魅力で輸送ハブ国になる可能性もある …………… 192
- 1 2つの主要経済共同体に属し、地理的優位性が高い　192
- 2 外資規制は縮小しつつある　195

**5　コートジボワール〜内戦後の復興需要、景気回復に期待** ……196

　　1　電力、水は安定供給され、ビジネス環境は良い　196
　　2　外資規制は経済圏の方針次第で変わる可能性がある　199

　コラム⑥　アフリカの食べ物を楽しむ　201

## 第7章　コミュニケーションと渡航直前準備のコツ

**1　アポイントメント取得からフォローアップまでの流れ** ……205

　　1　キーワードは「ずうずうしく、慎重に」　205
　　2　アポイントメント取得で注意すべきこと　206

**2　渡航直前の準備で気をつけるべきこと** ……210

　　1　持ち物リスト　210
　　2　ハプニング対応　213

　コラム⑦　アフリカにおけるBoPビジネス　214

　　おわりに　217

# 第1章
# 急成長するアフリカ市場

かつてアフリカといえば飢饉や紛争の「暗黒大陸」というイメージが持たれていたが、現在の姿は大きく変貌を遂げている。「資源大陸」であるアフリカは、資源価格の高騰を背景に、2000年代の経済成長率は年平均5％に達しており、今後も同様の伸びが期待されている。また、2000年時点で約2億人の中間層人口は、2030年には5億人程度まで伸び、2000年時点で36％であった都市化率も、2030年には51％となることが予想されている。

　1人当たりGDPについては、今後2020年にかけてアルジェリアや南アフリカはアジア主要国と比較しても遜色ない数値を保ち、アジアで急成長するインドネシアよりも大きな数値を維持する。チュニジアはインドネシアと同程度の水準だが、その成長率もインドネシアに引けを取らない。他に、エジプト・モロッコは、インド・ベトナムよりも高い水準を維持し、当分の間追い抜かれることはない見込みである。このように、すでに北アフリカ、南アフリカはアジアの主要国と遜色ない豊かさを持ち、引き続き経済成長により、市場を拡大していくと考えられる。

**図表1-1　アフリカ主要国とアジア主要国の1人当たりGDP（PPP）の推移・見通し**

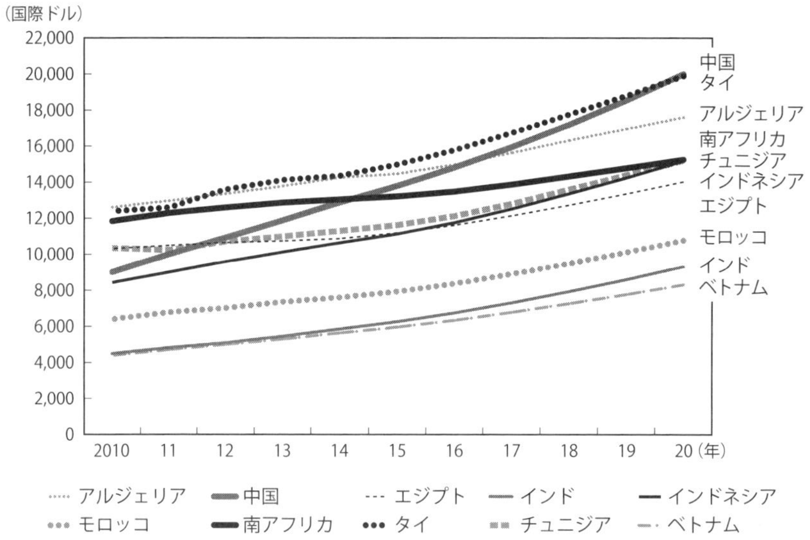

(出所) IMF "World Economic Outlook Database"（2015年4月）をもとにNRI作成

# 1 世界中から注目される 最後のフロンティア市場

## 1 人口増加で中国、インドを上回る

　全体の人口に注目すると、さらにその市場の成長可能性には驚かされる。これまでアジアの人口増加を支えてきた中国およびインドの人口上昇率が今後20年で鈍化もしくは減少に転じていく一方、アフリカは今後90年以上人口の急成長が止まることはない。アフリカの人口は、2010年に10億人を突破しており、2020年には13億人を超える。そして、2030年には16.8億人、2050年には約25億人まで増加し、中国およびインドの人口を大幅に上回る見込みである。特に中間層の拡大によって、アフリカ市場は今後50年以上にわたり企業にとって重要な市場であり続けると考えられる。

　これまでのアフリカ経済の成長の背景には、個人消費の伸びがあった。国際連合"National Accounts Main Aggregates Database"のデータをもとにアフリ

図表1-2　各地域の人口の見通し

(出所) Population Division of the Department of Economic and Social Affairs of the United Nations Secretariat "World population Prospects, the 2015 Revision"をもとにNRI作成

カの成長が特に著しかった10年間として2001～11年までのアフリカの経済成長に寄与した因子を分析すると、アフリカにおいては、「鉱業」分野の寄与度、「個人消費」の寄与度が高いことがわかる。

　製造業およびそれに伴う固定資本形成によって経済成長を成し遂げた中国、出稼ぎ等による外貨獲得に伴う個人消費によって成長を成し遂げたインドとは、成長の要因、構成が異なる。アフリカの場合、資源燃料価格の上昇によって外貨を獲得し、アフリカ経済が活性化し、その結果、個人消費が伸びるという好循環が生まれたと考えられる。

　また寄与度の大小はあるものの、鉱業で得た外貨が鉱業分野以外の製造業や建設業に再投資され、さらに各種サービス業でも業務改善等に伴う生産性の伸びもあり、付加価値が安定的に向上している。今後は、旺盛な個人消費を背景に消費財市場が安定的に拡大するとともに、鉱業分野を始めとした各種産業における投資および経済発展に伴ってインフラ市場も拡大していくことが期待される。

## 2　日本企業のアフリカへの進出は限定的

　こうした中、2013年6月に横浜で「TICAD V（第5回アフリカ開発会議）」が開催され、これをきっかけとして、日本企業においてもアフリカ市場への注目が高まりつつある。実際、近年アフリカへの日本企業の進出は急増している。GDPに占めるアフリカへの直接投資の割合は、2010年時点では英国とフランスに次ぎ、米国や韓国を上回る水準にある。

　とはいえ、日本企業は海外のグローバル企業と比べるとアフリカへの進出は遅れている。日本企業の海外支店・事業所数をエリア別にみると、圧倒的にアジアに多く、アフリカにおける支店・事業所数は全体のわずか3％である。

　また、アフリカに進出する日本企業の総数は増加しているが、日本企業の多くが南アフリカ共和国への立地に留まっている。アフリカでは東西南北の地域ごとに経済共同体が形成されているが、この共同体規模では人口は数億、GDPは数千億ドルの巨大市場である。日本企業による南アフリカ共和国への拠点一極集中体制では、北部および東西アフリカ市場での成長機会を見逃す恐れがある。

**図表1-3　日本の国別海外支店・事務所数のエリア別割合**

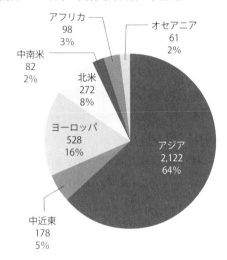

（出所）東洋経済新報社「海外進出企業総覧2015」をもとにNRI作成

## 3　アフリカ進出で先行する海外グローバル企業

　海外のグローバル企業では、すでに数千億円規模の売上をアフリカ市場で達成している企業が少なくない。ネスレは粉末飲料やベビーフードを小分けにしてアフリカで販売しているが、その売上高は29億スイスフラン（3,074億円）に達する。日本企業では味の素が1991年にナイジェリアに進出し、うま味調味料を小分けにして販売するビジネスを行っている。同社は、アフリカでビジネスを展開する日本企業の中では老舗の存在といえるが、その味の素であっても、アフリカでの売上はナイジェリアでの100億円であり、ネスレのおよそ30分の1の規模でしかない。

　また、重電では、GEがアフリカ各国政府とのMOU（覚書）締結等を通じてインフラ事業のテコ入れを行っており、中東・アフリカ市場における売上高は約1.9兆円に達している。一方、同様のインフラ事業を行う三菱重工による中東・アフリカ市場の売上高は1,460億円である。

　こうした欧州・アジアの新興国企業によるアフリカ市場での売上は今後急成長していくことが見込まれる。実際、各社は積極的にアフリカ市場での投

**図表1-4　日本企業と欧米企業との中東・アフリカ地域の売上規模比**

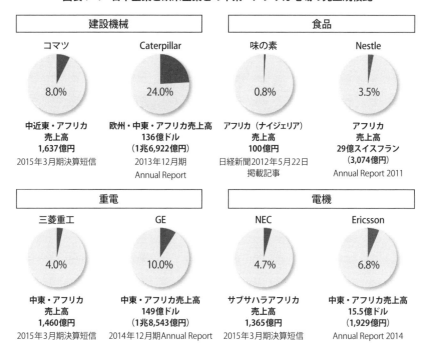

（出所）各社IR資料・報道発表資料をもとにNRI作成

資を拡大し、拠点の増加や流通網拡大を行っている。例えば、サムスン電子は、2015年までにアフリカ市場を中国並みの市場に成長させるとしている。具体的には、2015年までにアフリカ市場での売上を100億ドルにし、特にテレビや生活家電の売上を4倍以上に伸ばすという目標を掲げている。

実際に、サムスン電子は2009年には15カ国でしか製品販売をしていなかったが、2010年には42カ国で販売するようになり、2009年に32社であった流通業者を2010年に80社に増やしている。また、2012年には、アフリカでの現地法人を、3つの法人（南アフリカ、ナイジェリア、ケニア）、4つの分所・営業所（ガーナ、セネガル、スーダン、モーリシャス）に拡大、再編している。

また、こうした企業のアフリカ市場進出・事業拡大とともに、アフリカ市場を対象とする投資ファンドが増えている。ファンドのなかには、すでに数

図表1-5 アフリカ市場向けのファンド

| ファンド名 | ファンドマネージャー | ファンドサイズ(US$) | 重点地域 | 重点領域 |
|---|---|---|---|---|
| Capital Alliance Private Equity | African Capital Alliance | 269,000,000 | 西アフリカ、南部アフリカ | 通信、金融、オイル・ガス、電力、商業、交通 |
| Africa Infrastructure Investment Fund II | Africa Infrastructure investment Managers (Macquarie Group) | 320,000,000 | サブサハラアフリカ | インフラ |
| Health in Africa Fund | Aureos | 100,000,000 | アフリカ | 医療 |
| Pan-African Investment Partners II | Kingdom Zephyr | 492,000,000 | アフリカ | インフラ、住宅、消費財、通信、金融 |
| Modern Africa Fund | Modern Africa Fund Managers LLC | 105,000,000 | アフリカ | 通信・IT、農業・エンジニアリング、FS |
| E+Co | E+Co | 200,000,000 | アフリカ、アジア、ラテンアメリカ | クリーンエネルギー |
| GroFin Africa Fund | GroFin | 125,000,000 | ナイジェリア、ガーナ、ルワンダ、ケニア、タンザニア、ウガンダ、南アフリカ | マルチプル |
| Root Capital | Root Capital | 200,000,000 | アフリカ、南アメリカ | 農業、ハンドクラフト、エコツーリズム、漁業 |
| Atlantic Coast Regional Fund | Advanced Finance & Investment Group LLC | 72,000,000 | モロッコからアンゴラにかけてのアフリカ大西洋沿岸諸国 | 工業、金融、インフラ |

(出所) The Rockefeller Foundation "Impact investing in West Africa" (2011年4月) をもとにNRI作成

億ドル規模のものもあり、アフリカ市場への資本の流れがこれまで以上に大きくなっている。

　特徴的なのが、①資源やインフラに限らず、消費財や農業、情報通信、中小企業を投資対象とする巨大ファンドが誕生し始めたこと、②これまで投資対象になりにくかった西アフリカを投資対象とする巨大ファンドが誕生し始めたことである。

　例えば、Root Capitalは、コーヒーをはじめとする農業生産者組合に対して融資をしているファンドであり、地場銀行が融資するには信用が不足し、マイクロファイナンス機関が融資をするには規模が大きすぎる農業生産者組合を対象に、2.5万～100万ドルの範囲で融資をしている。このファンドには、

スターバックスが出資をしており、スターバックスによるコーヒーの安定的な調達にも大きく寄与していると考えられる。

こうしたアフリカ市場におけるファンドの活性化により、現地の地場企業の事業拡大が推進され、結果として、先進国企業の事業拡大を促すことが期待される。

## 2 アフリカ市場に対する誤解と実態

### 1 誤解その1：特定業種のみが参入する市場である

日本企業のアフリカ市場進出の妨げになっているのが、同市場への馴染みのなさからくる4つの誤解だ。

図表1-6　アフリカビジネスの誤解と実態

| 誤解 | 実態 |
|---|---|
| **特定業種のみが参入する市場**<br>アフリカビジネスは資源・インフラが中心で一部の企業のみが関係ある市場である | **幅広い業種が参入可能**<br>中間層が急増し、多くの企業にとってのビジネスチャンスが創出している |
| **数百〜数千万人規模の市場**<br>各国の市場が小さいため、事業が展開できる国は限られている | **数億人規模の市場**<br>経済共同体単位で巨大市場を狙う企業が増えている |
| **低価格・低品質**<br>アフリカ市場では、価格の低い製品・サービスが売れるため、日本の製品は好まれない | **高品質・良質なデザイン・サービス**<br>中間層の急増により、高くても品質やデザインがよく、ブランド力が高い製品が売れるようになってきている |
| **二番煎じの製品・サービス**<br>アフリカでは人材育成が進んでいないため、生み出される製品・サービスは先進国の二番煎じが中心 | **革新的な製品・サービス**<br>アフリカの優秀な人材は、先進国でも通用する製品・サービスを創出し始めている |

図表1-7　2011年のアフリカ諸国における中間層（1日の消費額4ドル以上）人口比率

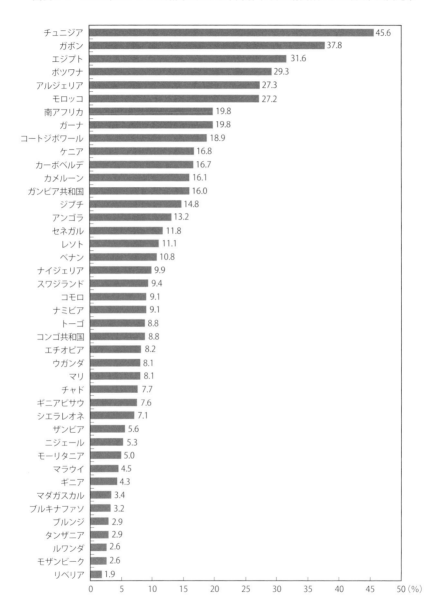

（出所）アフリカ開発銀行"Africa in 50 Years' Time"（2011年9月）Low CaseシナリオをもとにNRI作成

図表1-8　中間層人口（1日の総収入4〜20ドル以上）の推移とアフリカの都市化

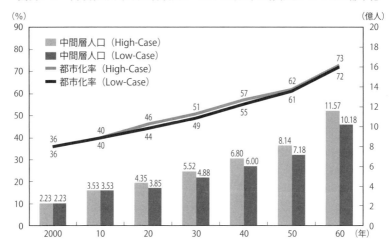

（出所）アフリカ開発銀行"Africa in 50 Years' Time"（2011年9月）をもとにNRI作成

　誤解の1つめは、アフリカでのビジネスは資源やインフラが中心であり、それらに関連した特定業種の企業のみが関係する市場で、製造業など消費財を取り扱う企業は関係がないという認識である。

　先述したとおり、資源価格の上昇が長期間続いたことで、アフリカ経済は急成長しており、それに伴って中間層が急増し、都市化も進展している。

　特に注目すべきは、アフリカ市場の消費を牽引する中間層の台頭である。アフリカ開発銀行が試算する「1日に4ドル以上消費する個人」を中間層と定義すれば、中間層人口は年々増加しており、特に北部アフリカ地域では中間層人口の比率が30％前後に達する国も存在している。

　また、その中間層の定義とは異なるが、アフリカ開発銀行は1日の総収入が「4〜20ドル」の将来人口も予測している。これによれば、2010年に3.5億人であった中間層人口は、2020年には4億人前後まで増加する見通しとなっている。

　さらに、中間層人口の増加に併せて、都市化が急速に進展することにも注目が必要である。アフリカ開発銀行によれば、2010年に40％であった都市化率は、2020年に45％前後にまで増加する見通しとなっている。人口が集積す

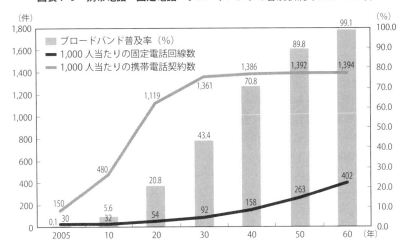

図表1-9 携帯電話・固定電話・ブロードバンドの普及状況（2010〜60年）

（出所）アフリカ開発銀行 "Africa in 50 Years' Time"（2011年9月）およびPopulation Division of the Department of Economic and Social Affairs of the United Nations Secretariat "World population Prospects, the 2012 Revision" をもとにNRI作成

ることによって、これまで点在していた市場をマスで捉えることができ、ビジネス効率が向上することに加え、都市化の進展に伴い、インフラ市場の盛り上がりも期待される。

　では、具体的にどの程度の市場の拡大が期待されるのだろうか。アフリカ全域における耐久消費財3品目「冷蔵庫」、「テレビ」、「自動車」の販売台数は、2010年時点、それぞれ約400万台、約1600万台、約150万台であった。ここに、各国の「支出項目別支出額」や「日本における製品普及率」を活用し、2020年時点の販売台数を推計すると、「冷蔵庫」約850万台、「テレビ」約2300万台、「自動車」約300万台まで拡大すると予想される。

　また、近年、携帯電話を保有する消費者も増加している。2010年、アフリカにおける携帯電話契約件数は1,000人当たり480件、つまりアフリカ人の2人に1人が携帯電話を保有している（総契約件数はおよそ5億件）。今後も携帯電話の普及率は上昇すると見込まれ、アフリカ開発銀行の試算によれば、2020年の契約件数は1,000人当たり1,119件、つまり1人1台携帯電話を保有する時代が到来することになる。将来、携帯電話の機器本体の市場は当然の

**図表1-10　アフリカと各国・地域のエネルギー源別発電設備投資累積額（2012～2035年）**

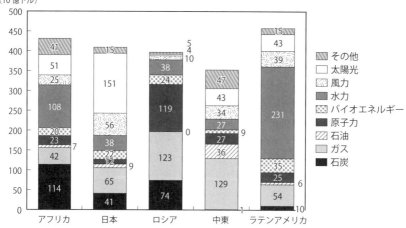

（出所）国際エネルギー機関"WORLD ENERGY OUTLOOK 2012"をもとにNRI作成

ことながら、携帯電話で利用されるコンテンツなどの各種サービス、さらにはeコマース（電子商取引）の発展によって消費財市場の刺激も起こると考えられる。なお、固定電話については、携帯電話と比較してインフラ投資に係るコストが相対的に大きいことから普及はなかなか進まないと予想されている。

　一方、インフラ市場も安定的な増加が見込まれる。特に、エネルギー供給インフラについては、電力への円滑なアクセスが難しい地域もいまだ多く、投資は今後も活発化する見通しである。2012～35年における世界のエネルギー供給インフラへの発電設備投資累積額を国・地域で比較すると、アフリカの発電設備投資額は、日本やロシア、さらには中南米と同程度になると予想される。

　このように、消費財市場、インフラ市場が拡大することを見込み、日本企業の進出も増加傾向にある。

## 2　誤解その2：市場規模が小さく、事業展開できる国は限られる

　2つめの誤解として、アフリカ各国の市場規模が小さいため、事業展開できる国は限られているというものがある。確かに、アフリカ大陸には50カ国以

上がひしめいており、GDPの規模は日本の都市レベルにも満たない国も少なくない。

しかし、アフリカでは経済共同体が発達しつつあり、この経済共同体の単位で見ると数億人規模の巨大市場となる。経済共同体の中には、東アフリカ共同体（EAC）のように、域内関税を撤廃するとともにワンストップでの通関手続に向けた改善など、経済統合を進めるところも現れている。

こうした経済共同体の中でも、特にEAC、南部アフリカ開発共同体（SADC）の2つ、そしてSADCと密接な関係にある南部アフリカ関税同盟（SACU）は、関税同盟、もしくは域内FTA開始後に域内貿易量が増加傾向にあり、経済共同体が機能し始めていることがわかる（図表1-11、1-12）。

そのため、こうしたすでに機能をし始めている経済共同体に注目し、経済共同体内のハブとなっている国に進出することで、数億人規模の巨大市場での事業拡大を期待することができる。

### 3　誤解その3：日本の高品質・高価格の製品は好まれない

3つめが、アフリカ市場では中国製やインド製などの低価格の製品やサービスが売れるため、日本の高品質・高価格の製品は好まれないという誤解である。

この点については、すでに高所得者層がASEAN並みに存在する国が出現していることから、高所得者層をターゲットとしたビジネスを成り立たせる余地がある点が指摘される。また、アフリカ人の価値観に合った商品開発やマーケティングを行うことで、中国製品等に比べて価格は高くても、高い付加価値を消費者に認めてもらうことにより販売に成功することは可能である。

特にわかりやすいのは、「音楽」と「美容」に対する消費度合いの高さである。BoP層（年間所得3,000ドル未満の人々）が住むスラムや農村地域に行くと非常に驚くのだが、アフリカでは所得が低くても「音楽」や「美容」に対しては積極的に支出を行う人々が多い。家族全員で食べていくのがやっとという家庭ですら、訪問するとラジオでずっと音楽を鳴らしており、話を聞くとラジオの電源はカーバッテリーを用い、定期的に有料でガソリンスタンドの充電サービスを利用し充電しているという。こうした傾向は、所得が高くな

**図表1-11　アフリカの主要な経済共同体**

| 代表的な経済共同体 | 国名 |
|---|---|
| 東南部アフリカ市場共同体<br>（COMESA） | 19カ国<br>ブルンジ、コモロ、コンゴ民主共和国、ジブチ、**エジプト**、エリトリア、**エチオピア**、ケニア、**リビア**、マダガスカル、マラウイ、モーリシャス、ルワンダ、セーシェル、スーダン、スワジランド、ウガンダ、ザンビア、ジンバブエ |
| 西アフリカ諸国経済共同体<br>（ECOWAS） | 15カ国<br>ベナン、ブルキナファソ、カーボベルデ、コートジボワール、ガンビア、ガーナ、ギニア、ギニアビサウ、リベリア、マリ、ニジェール、**ナイジェリア**、セネガル、シエラレオネ、トーゴ |
| 南部アフリカ開発共同体<br>（SADC） | 15カ国<br>**アンゴラ**、ボツワナ、コンゴ民主共和国、レソト、マダガスカル、マラウイ、モーリシャス、モザンビーク、ナミビア、セーシェル、**南アフリカ**、スワジランド、タンザニア、ザンビア、ジンバブエ |
| 東アフリカ共同体<br>（EAC） | 5カ国<br>**ケニア**、タンザニア、ウガンダ、ルワンダ、ブルンジ |
| アラブ・マグレブ連合<br>（AMU） | 5カ国<br>**アルジェリア**、**リビア**、モーリタニア、**モロッコ**、**チュニジア** |
| 南部アフリカ関税同盟<br>（SACU） | 5カ国<br>**南アフリカ**、レソト、スワジランド、ナミビア、ボツワナ |
| 西アフリカ経済通貨同盟<br>（UEMOA） | 8カ国<br>ギニアビサウ、**コートジボワール**、セネガル、トーゴ、ニジェール、ブルキナファソ、ベナン、マリ |

（注）太字はGDP上位10カ国または、域内GDP上位国
　　　ソマリア、ガンビアのデータはなし。国より実績値のベース年は異なる
（出所）IMF "World Economic Outlook Database"（2015年4月）をもとにNRI作成

っても変わることなく、アフリカにおいて一大市場を築いている。アフリカ市場に根を生やし真摯に向き合えば、こうしたアフリカ特有の消費傾向が非常に強く、大きなビジネスチャンスにつながることがよくわかることだろう。

　実際に日本企業においても、こうした消費傾向に着目し、大きな成果を上げ

| 人口 | | 域内GDP | | FTA開始年 | 関税同盟開始年 | 共通市場開始年 |
|---|---|---|---|---|---|---|
| 2014年（人） | 2020年推定（人） | 2014年（USドル） | 2019年推定（USドル） | | | |
| 5.99億 | 9.17億 | 4440.8億 | 5281.2億 | 2000年 | 2009年からプロセス開始 | — |
| 6.76億 | 8.96億 | 3224.8億 | 3894.4億 | 2004年 | 2009年からプロセス開始 | — |
| 6.65億 | 8.57億 | 2294.1億 | 2709.2億 | 2008年 | — | — |
| 1.35億 | 2.43億 | 1446.8億 | 1761.1億 | 2005年 | 2005年 2009年（ブルンジ、ルワンダ） | 2011年 |
| 4.30億 | 5.19億 | 912.9億 | 1007.9億 | — | — | — |
| 0.60億 | 0.67億 | 4002.3億 | 4563.2億 | — | 2004年 | — |
| 0.90億 | 1.43億 | 1039.4億 | 1264.7億 | 共通通貨のみ1945年 | | |

ている企業が存在する。例えば、アフリカの莫大な「音楽」市場に目を向け、大成功を収めたのがソニーである。ソニーは、南アフリカを中心にアフリカ主要国で「MGONGO」というブランドで大型のオーディオ機器を販売している。

いまでは、アフリカ各国は世界で有数の売上を誇る市場となっている。も

**図表1-12 アフリカの主要な経済共同体**

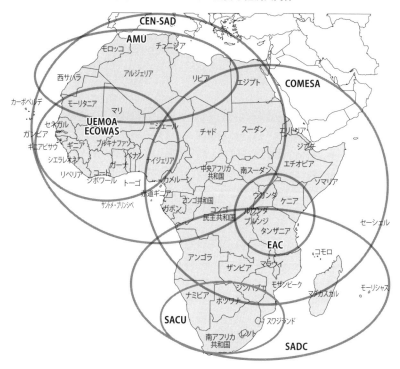

　もちろん、先進国では、iPodをはじめ小型のオーディオ機器が普及し、大型のオーディオ機器の市場は縮小傾向にあるため、途上国市場が大型オーディオ機器の主戦場となっていることが背景にある。そうした背景を踏まえたとしてもアフリカ市場が他の先進国市場よりも大きな売上を誇っているのは注目すべきことである。

　もちろん、ソニーもただ単に日本製の大型オーディオ機器を横展開して販売したわけではない。現地のニーズに合ったアフリカ仕様の大型オーディオを独自開発することで成功を収めたのである。

　具体的には、製品としてはアフリカ人が好む低音域を高音質にし、コストダウンのために高音域を低音質にした製品を開発した。日本をはじめとした先進国の人々とアフリカに住む人々では好む音が異なるとともに、音を聞き

### 図表1-13　ソニーによる「音楽」市場へのアプローチ

南アフリカの5人家族の自宅
（世帯収入は月5万円程度）

自宅に設置されているソニーのオーディオセット
（トータル約10万円）

（撮影：野村総合研究所）

分ける能力も異なる。例えば、多くの日本人にとって低音域の質を聞き分けることが難しいのと同様に、アフリカに住む人々の多くにとって高音域の質を聞き分けることは難しい。すなわち、クラシックのような高音域の音楽を再生することを想定している先進国の高音質オーディオは、アフリカの人々にとって質が良いオーディオになるとは限らない。他方で、低音域の質を高めることは、アフリカの人々が考えるオーディオの質の向上に直結する。

　こうした事実を、ソニーは南アフリカで現地の人々の生活実態や好みを密着して調査することで発見をした。その後、現地の人々の意見を聞きながら、現地の人々にとって質が良いと感じる音を再生できるオーディオ機器を開発・販売し、結果として大きな成功を収めたのである。すでに類似製品の開発・販売は競合他社でも追随しているため、市場における大きな競争優位性は維持されていないとみられる。しかし、同様の工夫を行い続けることで、新たな競争優位性を確保していくことは可能だろう。

　他にも、「美容」市場で活躍する企業としてカネカがあげられる。カネカは、ヘアーウィッグ・エクステ（かつら）の素材として使われるカネカロンという独自の合成繊維を販売している。実は、サブサハラアフリカ市場のスーパーマーケットで販売されている消費財のうち、最も大きく棚を押さえている日本企業の製品は、カネカの素材を用いたヘアーウィッグ・エクステなのである。

　そして、カネカのカネカロン事業にとっても、アフリカ市場は世界の中で

**図表1-14　アフリカの高級スーパーに並ぶカネカの素材を用いた製品**

(撮影：野村総合研究所)

も有数の有望市場なのである。なぜならば、世界のヘアーウィッグ・エクステ市場の8割以上が黒人市場だと言われているからである。黒人の多くの人は髪が生まれつき直毛ではない。そのため、ストレートにするためには、高いお金を払って強いストレートパーマをかけるか、短く切ってヘアーウィッグ・エクステを使う必要がある。それゆえに、多くの黒人女性が日常的にヘアーウィッグ・エクステを使っている。

　実際、アフリカの市場に行けばすぐにわかるが、高級なショッピングモールからスラム街まで必ずヘアーウィッグ・エクステを販売する店がある。また、美容院経由で販売されることも多い。美容師という職業も人々にとって非常に身近な職業であり、スラム街の女性が雑貨屋や外食関連のお店以外に開いているお店としてよくあげられるのが美容院なのである。そのため、現地の女性はどこに住んでいても気軽に髪形を変えることができるし、昼食を抜いてでもヘアーウィッグ・エクステを使って2週間に一度は髪形を変えるという女性も少なくない。

　カネカは、こうした現地のニーズに対して、約500種類の繊維と約40種類以上の色を取りそろえることで柔軟に対応している。人々の所得が増えるとともに、美容に関する消費傾向は大きくなってきている。こうした成長市場に対して、カネカは地道に現地の美容院に直接営業をかけて販売を拡大しており、過去10年間でアフリカ市場の売上を8倍に伸ばしている。

　ソニーやカネカのように、現地の人々の消費傾向を把握し、それに合った

製品・サービスを展開していくことは、アフリカの巨大市場で大きな成長を遂げるために非常に重要な戦略だといえる。他方で、注目すべきなのは、「日本製品＝品質が高い」というアフリカの人々なら誰でも知っている評判を、ソニーやカネカは上手く自社の戦略の強みとして活かしていることである。これが、日本企業が有する他国企業に対する競争優位性を保つために発揮すべき最大の強みである。

　驚いたことに、アフリカ市場において日本企業がほとんど進出していない国であっても、「日本製品＝品質が高い」というジャパンブランドは広く浸透している。最も大きな理由は、アフリカのどの国であっても広く日本車の中古車が利用されているからである。アフリカの人々も彼らの経験から日本車の中古車は他国の中古車、時には新車よりも丈夫だと理解しているのである。日本企業はこうしたジャパンブランドを上手に活用しなくてはならない。

　ただし、先進国で開発・提供している製品をそのまま横展開しては成功はおぼつかない。ジャパンブランドを上手に活用するためには、「アフリカ市場において品質の高さを実感できる製品・サービスの提供」が必要である。これを実現するためには、製品・サービス面における工夫として「①現地の人々にとって品質の高い製品・サービスを提供する」ことと、製品・サービスの活用方法における工夫として「②品質の良さがメリットの創出・デメリットの削減につながるという仕組みを作ること」、の2つが必要となる。

　①に関しては、ソニーのように、現地の人々にとっての「品質が高い」とは何かを把握したうえで、製品・サービスを提供していかなくてはならないということである。ソニーが低音域の音質に注目したように、日本企業の独りよがりではない真の品質の良さを具現化していく必要がある。

　②に関しては、「品質が良いから中長期的に得をするはずだ」と思い込んだり、ただプロモーションするのではなく、具体的に製品・サービス利用者が得をする仕組みを作らなくてはいけない。例えば、ヤマハ発動機は東アフリカ全体で大きなシェアを有しているインドのバジャジ・オートの製品に対抗するため、各国の特約代理店を通じて、いかにヤマハ発動機の製品を使うことが利用者の利益に結び付くのかを潜在顧客に対して具体的に示している。アフリカではオートバイを購入する有力顧客はバイクタクシーの運営者・運

営会社であり、オートバイの耐久性やメンテナンスにかかるコストはその経営状況に大きく影響を与える。

　ヤマハ発動機の特約代理店は、自らオートバイのメンテナンス技術者を育成している。自社のオートバイが故障した際のサポート体制を充実、さらに質の高いメンテナンスを行うことにより、顧客のメンテナンスコストや部品取り換えコストを抑え、顧客の利益に直接貢献している。メンテナンス技術を持たない人が修理を行うと、故障してそうな部分をすべて取り換えるために、結果として非常に大きなコストがかかってしまうという現地の課題を把握し、その対応を自社自ら行うことにより、価格競争力が高いインド製品に対抗しているのである。

　こうした取り組みは、単独の企業が行っているものだけに留まらない。ジャパンブランドを日本企業の競争力の向上に結び付けようと、複数の組織の人々が協力し合って推進する活動も増えてきている。例えば、タンザニアにおける「アフリカ安全プロジェクト」は注目すべき活動の一つである。タンザニアでは経済成長とともに交通量が増加する一方で、交通マナー等の教育が行き届かないため、交通事故件数・交通事故死亡者が増加している。こうした状況に対して、タンザニア在住の日本人が有志で集まり、プロボノ活動としてこの取り組みを推進している。

　在タンザニア日本大使館やJICAタンザニア事務所の有志が中心となって活動しているこのプロジェクトは、先述したアフリカ市場の大きな特徴の一つである「音楽」を組み合わせた取り組みとして推進されている。具体的には、青年海外協力隊の海老名利亮さんが「Anzen Unten」という曲を作り、タンザニアの有名アーティストであるバルナバさん、レチョさんとユニットを組んでレコーディング・プロモーションビデオの撮影を行い、現地のTV等で放映がされている。

　安全運転の啓発活動というと、エンターテインメント性が欠けており、人々への訴求力が低いものが多く見受けられるが、この活動はまさに音楽好きのアフリカ人に強く訴求する力を持っている。実際に、タンザニアでは約8分という長いプロモーションビデオがTV局の自発的な放映にもかかわらず、TVで頻度よく放映されているという。

さらに、この活動はプロモーション活動だけに限らず、今後、安全運転のための研修を受けたタクシードライバーを認定タクシードライバーとすることにより、タクシードライバーの競争力向上と安全性向上の両立ができる仕組みづくりを構築することを目指している。また、こうした取り組みに、安全運転に関連する日本企業が複数社参加していくことにより、日本企業の競争力向上に結び付けることを目指している。このように、品質の良い日本製品というこれまで日本企業の成長を支えてきた諸先達の財産に依存するのではなく、現地の人々の生活実態を把握し、生活の中で日本製品の品質の高さを実感してもらえる仕組みを創ること、それこそが日本企業がアフリカ市場で他国企業に打ち勝つための肝になるのだと考えられる。

## 4　誤解その4：製品やサービスは「二番煎じ」である

4つめに、アフリカでは人材育成が進んでいないため、生み出される製品やサービスは先進国の二番煎じが中心ではないかという誤解がある。

これは部分的に正しい点もあるが、状況は変わってきている。アフリカ経済が過去10年間伸びてきた理由の一つとして、紛争問題がだいぶ収まり、政治的に安定してきたことがあげられる。これにより、教育制度の整備が進んでおり、識字率も若年層を中心に多くの国で上昇が続くなど、労働力の質は向上しつつある。

また、アフリカの経済成長に着目して、欧米に留学したままこれまでは戻らなかった優秀なアフリカ人が、アフリカに戻ってきて、新しいビジネスを始める事例や起業が増えている。他にも、IBMやサムスン電子が、現地の大学と共同研究を実施し、アフリカ向けの製品やサービスの開発に取り組むなど、先進国の企業がアフリカの人材を活用する事例も増えてきている。

サムスンは、ケニアのストラスモア大学にある「@iLabAfrica」と連携し、「Built for Africa」というアフリカにおけるアフリカの人々によるアフリカのための製品開発を行っている。アフリカの電力不安定に備えて、瞬間的な電圧変動に耐えられるテレビ、アフリカ音楽に適したイコライザーを内蔵したテレビ、電気が止まっても保冷効果が3時間以上続く冷蔵庫、熱・湿度・電圧の変動に強いエアコン、太陽光下ですぐに充電できる小型ノートパソコン等

を売り出している。

　冷蔵庫は、冷やし続けることができなくては、製品としての価値を生み出すことができない。電化地域においても停電の起こりやすいアフリカ市場においては、価値を発揮しにくい製品なのである。そのため、電気が止まっても保冷効果が続くという製品特性はアフリカ市場においては非常に評価されやすい。サムスンは、他に南アフリカのケープタウン大学とも同様の取り組みを行っている。

　もちろん、こうした取り組みすべてがうまく進んでいるわけではない。ストラスモア大学へのヒアリングにおいては、サムスンは実際にはすでにサムスン側で有していた製品をアフリカ向けにマイナーチェンジをし、その製品群に「Built for Africa」というブランドをつけただけであり、現地での本格的な製品開発はこれからだという状況にあることがわかった。しかし、そうした取り組みを始め現地との連携可能性を模索しているだけでも、アフリカでの製品開発が重要性を増しているといえるだろう。

　また、エリクソンは、モバイルイノベーションセンターという事業創造型の研究所をガーナ、ケニア、南アフリカに設置している。ここからもすでにダイナミックディスカウントソリューション（DDS）という利用人口の地域密度、時間密度の高低に応じて最大95％の値下げを行う新たなサービスが誕生し、アフリカに留まらず、先進国でも優良なサービスとして展開されている。同サービスは、低価格での利用を強く求めるアフリカ市場の人々に訴求している。それとともに、利用時間と地域における混雑の平準化を実現することで、通信量のピークを下げることができる。結果としてアフリカ市場のインフラの脆弱性を補うとともに、利用人口の増大により必要となるインフラに対する追加投資の削減を実現させるサービスとなっている。

　さらに、進んでいるのは、ボーダフォンである。ボーダフォンのケニア子会社であるSafaricomは、M-PESAという自らが構築した携帯電話を活用した送金の仕組みを通じて様々な製品の販売促進をしている。ボーダフォンがイギリス政府やケニア政府と共に開発した、M-PESAは、銀行に口座を有していない人でも使えるという非常に画期的なサービスであり、すでにケニアをはじめとしたアフリカ各国の基本的なビジネスインフラとして利用されるよ

うになっている。こうした携帯送金の仕組みはすでにアフリカからインド等のアジア諸国へ輸出され始めている。また、ボーダフォンは、ケニアにおいてさらに他社企業や現地のベンチャーと連携することにより、M-PESAというアフリカで開発した独自のサービスを基盤とした新しいサービスの展開を促している。

　例えば、M-KOPAというSafaricomからスピンアウトしたベンチャーは、ソーラーランタンの販売を主としている米D.light Designと連携し、太陽光発電装置と家の中の照明器具のセットを販売している。彼らは製品に認証装置を付け、M-PESAを通じてプリペイドで電力料金を支払うと、認証装置の認証が下り、照明器具が機能する仕組みを構築している。この仕組みは消費者にとっての初期投資を下げ、ランニングコストで下げた分の利益をカバーすることを狙った仕組みである。

　他にも、Kopo Kopoは2011年に設立されたベンチャー企業であり、M-PESAをはじめとした携帯電話の送金システムを活用し、中小企業向けCRMサービスを推進している。ケニア、タンザニア、ルワンダですでに12,500社の利用企業を確保している。アフリカでは、中小企業が多いが、彼らを支援する既存の仕組みは少ない。他方で、彼らの活動を支援する携帯サービスは急増している。そのため、Kopo Kopoは送金システムのデータを活用したCRMサービスと既存の携帯サービスを組み合わせることで、中小企業支援プラットフォームを構築している。

　M-PESAのような現地特有の独自の決済機能を構築することで、他社にはアプローチできない消費者に対するアプローチが可能となり、ビジネスチャンスを自社の業界を越えて広げていくことができる。

　現地密着型の開発体制を構築し、現地のニーズや環境に合わせた製品・サービスを生み出し、そのノウハウを蓄積していくことは、次々と現地に適応する製品を生み出さないといけない急成長市場において、後続企業に対する大きな差別化要因となると考えられる。

# 3 アフリカ市場への進出を阻む3つの障壁

## 1 アフリカ市場の成長における不確実性

　TICAD V以降、アフリカ市場に対する誤解が払拭されつつあり、日本企業によるアフリカ市場に対する関心が急速に高まっている一方で、実際にはアフリカ市場に関する情報が少ないために二の足を踏んでいる企業が多い。そうした中で、日本企業に伝わってくる限定的な情報としては、アフリカ市場の魅力やアフリカ市場の進出手法に関する情報量よりも、一昔前から今まで共通して進出上の大きな障壁に関する情報量のほうが多い。そのために、多くの企業が市場の実態を把握する以前に進出を踏みとどまってしまっている。具体的には、「①アフリカ市場の成長における不確実性」、「②安価な製品・サービスの普及」、「③生産拠点としてのハードルの高さ」の3つの障壁が日本企業のアフリカ市場への進出を妨げている。

　アフリカ市場は、急成長を続けているが、この成長が続くかどうかは誰にもわからない。実際に資源価格の高騰とアフリカ地域のGDPの急成長の相関は高いし、アフリカ市場に積極的に投資をする中国の成長にも強く依存している。そのため、こうした流れが滞ればアフリカ市場の成長も鈍化する可能性がある。また、政情不安により急成長が鈍化することもありうる。実際に、現在原油価格の下落により、一部の産油国の政府予算が縮小するという現象がすでに起きているし、テロをはじめとする治安上の問題も定期的に発生する。一部の国において治安上の問題が起きた直後から、観光需要が冷え込んでしまっているという状況もみられる。

　すなわち、アフリカ市場での事業展開は企業にとっては不確実性が非常に高い。こうした状況において、アフリカ市場への進出の意思決定を行うことは非常に難しい。多くの日本企業はこの障壁に対して、「確実ではない」「リスクが高い」として進出には時期尚早という判断をしてしまい、結果として他国企業に先を越されてしまいがちである。

実際、アジア地域において1990年代後半から2000年代前半にインド市場が注目された際には同様の判断を行う日本企業が多かった。結果として、インド市場に早期参入した韓国企業に先を越されてしまったのである。そして、まさにいまアフリカ市場でもインド市場の時と同様に他国企業による早期参入が次々と行われている。しかも、今度は欧米・韓国企業だけではなく、中国企業・インド企業、さらにはシンガポールやマレーシア等の東南アジア企業が積極的に参入してきている。インド市場の二の足を踏まないように、不確実性が高い市場にも積極参入することが求められている。

## 2　安価な製品・サービスの普及

　市場が急成長しており、中間層の増大によって品質の高い製品が求められ始めているとはいっても、いまだ発展途上のアフリカ市場においては、低価格対応など製品のローカライズの必要性がある。もちろん、アフリカの中間層は爆発的に増加し、消費財市場も極めて有望である。他方で、2010年に3.5億人の中間層人口が、2030年には5億人前後まで増加すると予測するアフリカ開発銀行の見通しによる中間層とは、「1日の総収入が4〜20ドル」の人口である。本予測による中間層の収入の幅はこのように広いものであり、アジア市場等で年間所得3,000ドル以上としてよく定義される中間層と完全に一致するものでない点に注意が必要である。

　実際、アフリカの消費者市場は、安価な中国製品やインド製品が大量に出まわっており、アフリカの中間層はこうした製品を普段購入している。JETROの資料によると、アフリカの輸入に占める中国製品の割合は安さを武器に急激に伸びている。2010年時点で中国製品の輸入割合は、衣類で62.9％、二輪自動車で68.6％、映像機器類で43.7％、エアコンで50.3％と極めて高い。

　また、近代的なショッピングモールもナイロビ、ヨハネスブルク、アクラなどアフリカの主要都市には多数存在するが、一方で極めて低価格な製品が流通するローカルマーケットも併存しており、住民の大多数はこうした場所で日々の買い物を行っている。

　このように日本製品が太刀打ちできない価格帯で出まわる中国製品に対抗

**図表1-15　ガーナの首都アクラにおけるローカルマーケットと近代的ショッピングモール**

（青空市場であるローカルマーケット）

（先進国と遜色のないショッピングモール）

（撮影：野村総合研究所）

することは容易ではない。低価格製品開発のためのR＆Dに本腰を入れるコストがかかることは言うまでもなく、低価格品のブランドを通常品のものとどう使い分けるか、また青空市場のような販売チャネルにどう浸透させるかなど、中国製品への対抗のための課題は多い。

　こうしたことから、とりわけBtoC市場については、すでに日本を始めとする先進国市場に展開している製品をそのままアフリカに持ち込むことは、よほどの付加価値を現地の消費者が認めない限りは、あるいは購入可能な販売チャネルを確立しない限り極めて難しい。

## 3　生産拠点としてのハードルの高さ

　アフリカはこれまで日本企業が積極的に進出をしてきたアジア諸国とは異なり、生産拠点を設けることが非常に難しい。生産拠点の構築を妨げる重大な要因としては、現地労働者の比較的高い賃金や不安定かつ高いユーティリティ・コストがあげられる。詳細は第5章で述べるが、例えば日本企業の主要な進出先である南アフリカの平均賃金は、中国の数倍の水準にある。アフリカ大陸の東の拠点として有望であるケニアはインドよりも賃金水準が高く、またガーナはインドネシアと同等レベルであるなど、とりわけ労働コストに優位性があるわけではない。

　また、世界銀行による「ビジネスのしやすさランキング」（Doing Business 2015）において、100位以下90カ国中、サブサハラアフリカ諸国は47カ国を占めている。下位を占める諸国には、ケニア（136位）、ナイジェリア（170位）、セネガル（161位）など、アフリカ主要国も多い。同様に、貿易・物流の効率性ランキングの100位以下56カ国中アフリカ諸国は28カ国を占める。

　こうした高い賃金、不安定かつ高い電気代等のユーティリティ・コスト、物流網の未整備や手続きの煩雑さによる物流コストの高さ、セキュリティ対策費用などハードルは、「アフリカ・コスト」と呼ぶべきものであり、日本企業による迅速なアフリカ市場参入の障害となっている。すなわち、生産拠点や販売拠点を迅速に設置しようとしても、高い人件費や電気料金等にどう折り合いをつけるか、不安定な電力供給にどう対応するか、また未整備な物流網をいかに克服して製品を販売チャネルにのせるかといった課題にすぐ直面することになる。

　このように、日本企業がこれまで事業を展開してきた先進国市場やアジア市場には存在しない課題がアフリカ市場には存在する。しかし、一見すると事業進出が難しそうな市場だからこそ、その市場における事業拡大を成功させれば、グローバル市場における競合他社に対する競争優位性を生み出すことができる。そのためには、大くくりに「アフリカ市場は難しい」とするのではなく、アフリカ54カ国のリスクとビジネスチャンスを読み解くとともに、アフリカ市場に適したエントリー戦略に着手する必要がある。

## コラム① 日本からどうやってアフリカ大陸に行くのがよいか？

　日本からアフリカ大陸に行くには時間がかかる。移動に丸一日かかるため、日本からアフリカ各国に出張する場合は、出張前後の土日を移動時間にあてることが多いようだ。初めて出張する際には、ただでさえ神経をすり減らすのに、休みもとれないために帰国後に体調を崩す人もいる。最初はアフリカ出張の前後には業務に余裕を持たせるように調整をしておくのが望ましい。

　さて、アフリカ出張をする場合、どの航路を使うのがいいのだろうか。日本からアフリカに行く場合、大きく①ヨーロッパ経由、②シンガポール経由、③中東経由の3つに分けられるだろう。他に、香港経由等も考えられるが、ここ数年中東の航空会社の路線拡大、日系航空会社との提携が強化され、その割合は減ってきているように感じられる。

　3つの路線のうち、どれがいいのかは、出張の目的によって変わる。まず、①ヨーロッパ経由の利点は、何と言ってもヨーロッパの自社拠点や、他のヨーロッパ企業とのヒアリングをアフリカ出張の前後に入れられることがあげられる。ヨーロッパでの中継地としては、主にイギリス、フランス、ドイツ、オランダ等があり、場合によってはトルコで乗り継ぎを行うことがある。特に北アフリカやサブサハラの中央から北側の国々を訪問する際には、ヨーロッパ経由が有力な選択肢の一つとして考えられるだろう。

　本書にも記載しているが、アフリカとヨーロッパの間においては以前植民地関係にあった国々が多く存在しており、ヨーロッパの人々は昔からアフリカ市場を見てきた。そのため、ヨーロッパでは他地域よりもアフリカの情報が入手しやすい。また外資企業にとってアフリカ市場がどのように変化してきているのかについても、現地で調査をするよりもむしろヨーロッパの本社でヒアリング調査をしたほうが全体感をつかみやすい場合もある。

また、アフリカ各国の成長がヨーロッパの政府やヨーロッパに中核拠点を持つ国際組織による支援によって促進されていることも事実であり、こうした公的機関との連携可能性を検討することもアフリカビジネスの立ち上げのためには必要である。さらにいえば、ヨーロッパ各国で開催される見本市にはアフリカ各国のバイヤーが集まるため、そうした場に積極的に参加することがアフリカ市場での具体的な顧客を探すのにも有効と考えられる。

　このように、アフリカビジネスのためにヨーロッパで調査すべきことは山のようにある。また、ヨーロッパとアフリカでは時差がほとんどないため、ヨーロッパ滞在中に時差の調整をすることも可能だろう。

　日系の航空会社を好んで利用している人にとっては、日本からヨーロッパまでの間は日系の航空会社の機体・サービスが利用できるという意味でも、ヨーロッパ経由は望ましい。自社の経営陣を初めてアフリカ出張に連れて行く際にも、ヨーロッパでの滞在の間にアフリカ出張を挟むことにより、心理的ハードルを下げることができる。期間は長くなってしまうものの、選択肢として用意しておくと役に立つ可能性もある。

　他方でデメリットとしては、アフリカの現地調査のみが目的なのであれば、合計の飛行時間が長くなること、他の航路よりも航空運賃が高くなることがあげられる。また、アフリカでは現地調査時に身の安全を守るために普段以上に神経をすり減らしているがゆえに、意外にアフリカでは危険な目にあうことは少ない。その前後のヨーロッパ滞在時のほうが、スリや盗難の被害が多く、盗難のテクニックも巧妙だという認識を持っていたほうがよい。また、アフリカへの出張に慣れてきたころが一番危険である。実際、筆者も幸いなことにアフリカで危険な目にあったことはないが、欧州企業・政府へのヒアリングのためにアフリカ地域からの帰りに訪れたパリにおいて、1日に2回もスリ・盗難に出くわした経験がある。先進国が途上国よりも安全だという認識は決して持たないようにしたい。

　次に、②シンガポール経由であるが、ヨーロッパ経由と比べると格段に飛行時間も短く、価格も安い。また、シンガポール拠点がインド拠点

を管轄している日本企業も多いため、インドからアフリカ市場を見る場合には、シンガポール拠点との連携も重要になる。その意味で、アフリカ出張前後に立ち寄れることは大きなメリットだと考えられる。

　また、アフリカ市場では従来はヨーロッパ企業の存在感が大きかったが、近年では業種によってはシンガポール企業をはじめ、インドネシア企業、マレーシア企業等の存在感も大きくなってきている。こうした企業の動向を把握するのにもシンガポールに立ち寄り、情報収集することは有効と考えられる。また、アフリカ出張前後に立ち寄ることによって、アジア人としてのアイデンティティを感じられるのもグローバルビジネスに関わるビジネスパーソンにとってメリットの一つだといえるだろう。

　南アフリカ航空がシンガポール航空と同じグループのスターアライアンスに属していることもあり、サブサハラの中央から南側の国々を訪問する際には、シンガポールから南アフリカに行き、そこから各国に移動する航路が有力な選択肢の一つとして考えられるだろう。シンガポール経由のデメリットとしては、大きな差ではないが中東と比較をすると飛行時間が長いことと、直接シンガポールから訪問できる国数が少なく、南アフリカ経由になる可能性があることがあげられる。

　最後に、③中東経由である。この航路が現在最も多くの日本企業に利用されていると考えられる。メリットとしては、飛行時間が短く、価格が安いことである。また、ドバイはアフリカに対するアジアからの輸送ハブとなっており、多くのバイヤーが集う場所でもある。また、印僑の中にはドバイに本拠地を持ち、アフリカ各国の販売店を管理している企業も多い。そのため、東アフリカに関しては多くの情報を、ドバイを中心とした中東地域で収集することができるだろう。また、北アフリカに関しては、同じイスラム市場圏でもあるため、中東から北アフリカを攻めるという視点も重要になる。そうした意味でも、中東経由を航路に選ぶことのメリットは大きい。また、近年、カタール航空がワンワールドに加盟したために日本人がより利用しやすくなったことも、日本企業の中東経由での出張が増えている要因の一つだと考えられるだろう。

　中東経由のデメリットとしては、トランジットによって飛行時間が分

断されてしまうことがあげられる。中東各国はターミナルの拡張等を行っており、ハブ空港としてのオペレーション改善を行っているため、他の航路と比較しても、トランジット自体に問題はない。他方で、日本とアフリカ大陸のちょうど中間あたりに中東が位置しているために、日本から中東、中東からアフリカ大陸の移動時間が同じくらいになる。そのため、機内での睡眠が取りにくい場合があり、慣れるまでには不便に感じることもあるだろう。逆にいうと、中東経由にはそのくらいしかデメリットがない。アフリカ各国にも直接便が飛んでいる国も多く、アフリカ地域に対するハブ拠点として最も機能しているといえるだろう。

　このように、北アフリカやサブサハラの中央から北側の国々を訪問する際には、ヨーロッパ経由か中東経由、南アフリカやサブサハラの中央から南側の国々を訪問する際には、シンガポール経由か中東経由を候補として検討することが一般的だといえる。

# 第2章
# アフリカ市場の読み解き方

アフリカ市場は54カ国の国々が集まって形成する市場である。この巨大市場には、リスクが高い国・低い国、市場が未成熟な国・成熟してきている国が混在しており、企業にとっては一体どのようにアフリカ市場を捉えたらよいのかがわからず、結局手つかずのままになってしまうということが多い。本章ではリスクとビジネスチャンスという両側面からこの巨大市場アフリカを読み解くための視点を述べる。

　まず、リスクに関しては、テロや伝染病等に対する「安全面のリスク」、戦争・内乱・ストライキの影響や現地企業の成熟度に基づく「政策・事業環境リスク」、気候変動の影響により災害等を通じて産業や人々が影響を受ける「気候変動リスク」の3つに注目し、各国のリスク状況を紐解いていく。

　次に、ビジネスチャンスに関しては、GDP等の経済指標をもとにした「マクロ指標から見た市場の成熟度」、欧米企業の拠点の配置から企業にとっての各国の重要度を読み取る「企業の現地中核拠点としての重要度」、金融機関から見た投資機会から市場の成熟度を読み取る「金融機関の投融資対象としてのアフリカ市場の有望度」の3つの視点から各国の市場の実態を読み取り、最終的に日本企業のアフリカ展開が有望視される新たなビジネスと産業分野をマッピングする。

　この分析を通じて、リスクとビジネスチャンスの双方において、それぞれ注目すべき3つの視点から各国のリスクとビジネスチャンスの実態を明らかにすることによって、日本企業各社が実際にアフリカ市場に進出する際の進出国や、アフリカ事業を拡大する際の展開国の候補を選定していくことができるだろう。

図表2-1　アフリカ市場の読み解き方

第2章　アフリカ市場の読み解き方

# 1

# アフリカ各国の3つのリスク

## 1　アフリカにおける安全面のリスク

　まずは、アフリカ各国のリスクについてである。「安全面のリスク」、「政策・事業環境リスク」、「気候変動リスク」の3つに注目して各国のリスクを紐解いていく。用いる分析対象となるデータの例は図表2-2に示したとおりである。

　まず、安全面のリスクについては、外務省が公開している各国に対する渡航情報を確認することで、その都度安全面の確認を行うことが必要となってくる。アフリカで国全体が安全という国は少ないため、主にビジネス活動の中心となる首都における危険度を判断することが多いが、一般的には外務省が提供する渡航情報の分類のうち、「問題ない」か「十分注意」であれば、ビジネス活動が行える状況にあると判断されることが多い。実際、これらの治安レベルであれば、出張に関する許可を出す日本企業も多い。

　「渡航の是非検討」になると、日本企業の多くが出張に関する許可を出さないのが実態だ。ただし、現地に拠点を有する企業においては、現地拠点の生の情報をもとに判断をし、出張を許可する場合もある。「渡航延期勧告」・「退避勧告」・「渡航禁止」になると、完全に出張は避けるとともに、場合によっては現地拠点の従業員も国外に退避することになる。これらの分類をもとに、アフリカ各国の状況を整理すると2015年5月11日の状況は図表2-3のとおり

図表2-2　リスクに関する3つの視点と分析対象のデータの例

| リスクに関する3つの視点 | 分析対象となるデータ |
| --- | --- |
| 安全面のリスク | 外務省海外安全ホームページ・アフリカ地域渡航情報 |
| 政策・事業環境リスク | コファス社カントリーリスク評価 |
| 気候変動リスク | Maplecroft社 Climate Change Vulnerability Index |

図表2-3　2015年5月11日現在のアフリカにおける安全面のリスク

| 分類 | 該当国 |
| --- | --- |
| 「問題ない」か「十分注意」 | アルジェリア、アンゴラ、ウガンダ、エジプト、エチオピア、エリトリア、ガーナ、カーボベルデ、ガボン、カメルーン、ガンビア、ギニアビサウ、ケニア、コートジボワール、コモロ、コンゴ共和国、サントメ・プリンシペ、ザンビア、ジブチ、ジンバブエ、スーダン、スワジランド、赤道ギニア、セーシェル、セネガル、タンザニア、トーゴ、ナミビア、ベナン、ボツワナ、マダガスカル、マラウイ、南アフリカ共和国、モザンビーク、モーリシャス、モーリタニア、モロッコ、ルワンダ、レソト |
| 「渡航の是非検討」 | コンゴ民主共和国（DRC）、チュニジア、ナイジェリア、ニジェール、ブルキナファソ、ブルンジ、マリ、リベリア |
| 「渡航延期勧告」か「退避勧告」か「渡航禁止」 | ギニア、シエラレオネ、ソマリア、チャド、中央アフリカ、南スーダン、リビア |

（出所）外務省海外安全ホームページ・アフリカ地域渡航情報

となる。

　一時期、アフリカでのエボラ出血熱による影響が日本でも多くのメディアで取り扱われ、アフリカ全体が危険地域であるように取り扱われることがあったが、実際には西アフリカの一部の国で起こった話であることがわかる。外務省の渡航情報を参照することにより、どの地域が危ないかが判断できるため、状況に応じて都度確認を行っていくことが必要である。それにより、情報の解像度を高めることができ、リスクを避けながら事業を進めやすくなるだろう。

## 2　アフリカにおける政策・事業環境リスク

　アフリカにおける政策・事業環境リスクについては、世界有数の信用保険会社であるcoface（コファス）社が発表しているカントリーリスク評価をもとに状況を把握することが可能である。このカントリーリスク評価においては、アフリカの45カ国を対象に政策リスクに関連するCountry risk assessmentと事業環境リスクに関連するBusiness Climate assessmentを確認できる。Country riskとは、戦争、内乱、革命などによる輸出入の禁止、関税の引き上げ、ストライキの発生、為替取引の制限や禁止による外国送金の遅延など不可抗力

**図表2-4　アフリカにおける政策・事業環境リスク**

| 分類 | 該当国 |
|---|---|
| 両方の指標において最低評価ではない | アルジェリア、ベナン、ボツワナ、ブルキナファソ、カメルーン、カーボベルデ、ガボン、ガーナ、コートジボワール、ケニア、モーリシャス、モロッコ、モザンビーク、ナミビア、ルワンダ、セネガル、南アフリカ、タンザニア、トーゴ、チュニジア、ザンビア、エジプト |
| Country risk assessmentのみ最低評価 | マリ、シエラレオネ |
| Business Climate assessmentのみ最低評価 | アンゴラ、コンゴ共和国、エチオピア、マダガスカル、モーリタニア、ニジェール、ナイジェリア、サントメ・プリンシペ、ウガンダ |
| 両方の指標で最低評価 | ブルンジ、中央アフリカ、チャド、DRC、エリトリア、ギニア、リベリア、マラウイ、スーダン、ジンバブエ、リビア |

(出所) コファス社カントリーリスク評価 (2015年5月)

的なリスクをさしている。また、Business Climateとは、信頼性の高い企業情報の利用状況やビジネスに関する法律の整備状況、債権回収の実現可能性等の観点から見たビジネス環境の充実度を表している。

　アフリカ地域においては、これら2つの観点において、最低評価であるD評価とされている国が存在し、該当国を表したのが図表2-4である。どちらかの指標において最低評価となっている、もしくは双方の指標において最低評価となっている国は、政策・事業環境リスクが高いと考えられる。外部環境が悪ければ、自社のリソースをいくら投資したとしても十分なリターンが返ってくる可能性は低い。

　もちろん、実際には国全体の評価ですべてを判断するのではなく、自社の事業領域における状況を把握することが必要である。アフリカでは、一般的にリスクが高いとされる国においても、特定の事業領域においては政府の政策や歴史的な背景から極端にリスクが低くなっている状況がよくみられる。そのため、政策・事業環境リスクが高い国への進出を検討する場合は、自社の事業領域におけるリスクの現状や優遇政策の有無を詳細に把握することが必要不可欠だと考えられる。

## 3 アフリカにおける気候変動リスク

アフリカにおける気候変動リスクについては、maplecroft社のClimate Change Vulnerability Indexが示す各国の気候変動への脆弱性に関する数年間の動向をもとに把握をすることができる。例えば、2010～2015年において、世界における脆弱性が高い国上位10位にはいっている国々をリストアップし、その中でもどのくらいの頻度でランクインしているかを見ることによって、気候変動リスクを評価できる。

図表2-5が示すとおり、6年間のうち4年間において脆弱性が高いとされた「気候変動リスクがとても高い」国が2カ国と、6年間の内2年間において脆弱性が高いとされた「気候変動リスクが高い」国が7カ国存在した。こうした脆弱性が高い国は、気候変動による災害等の影響を受けやすいとともに、その被害から復興する力が弱い国である。そのため、災害によって電力・水道・道路等の基本的なインフラが損害を受ければ、短期間での復興が行われない可能性が高い。結果として、民間企業の事業環境が悪影響を受けることも多いと考えられる。

例えば、国の電力の大半を供給する水力発電が干ばつにより機能せず、結果例年より停電が多く起こることでエネルギーコストが高くなるといった現象は実際に多く起こっている。もちろん、気候変動においては、地域によってその影響の大小や被害の種類も異なるため、こうした気候変動リスクが高い国々で事業展開をする際には、過去の気候変動による関連事業への影響についても十分な情報収集を行い、いざという時の対応策を事前に検討しておく必要がある。

**図表2-5 アフリカにおける気候変動リスク**

| 分類 | 国名 |
|---|---|
| 気候変動リスクがとても高い | シエラレオネ、ナイジェリア |
| 気候変動リスクが高い | マダガスカル、ジンバブエ、モザンビーク、DRC、南スーダン、チャド、エチオピア |

(出所) maplecroft社Climate Change Vulnerability Index (2010～2015年) をもとにNRI作成

図表2-6　3つの視点から見たアフリカにおけるリスクの高い国々

|  | 安全面のリスク | 政策・事業環境リスク | 気候変動リスク |
|---|---|---|---|
| DRC | × | × | × |
| チュニジア | × | | |
| ナイジェリア | × | × | × |
| ニジェール | × | × | |
| ブルキナファソ | × | | |
| ブルンジ | × | × | |
| マリ | × | × | |
| リベリア | × | × | |
| ギニア | × | × | |
| シエラレオネ | × | × | × |
| ソマリア | × | | |
| チャド | × | × | × |
| 中央アフリカ | × | × | |
| 南スーダン | × | | × |
| リビア | × | × | |
| コンゴ共和国 | | × | |
| エチオピア | | × | × |
| マダガスカル | | × | × |
| モーリタニア | | × | |
| サントメ・プリンシペ | | × | |
| ウガンダ | | × | |
| ブルンジ | | × | |
| エリトリア | | × | |
| ギニア | | × | |
| マラウイ | | × | |
| スーダン | | × | |
| ジンバブエ | | × | × |
| モザンビーク | | | × |

（注）×はリスクが高いことを示す

### 4 アフリカにおけるリスクが高い国々

こうした3つの視点から、アフリカ各国のリスクの高さを判断すると、図表2-6のような結果となる。3つの視点すべてでリスクが高いDRC、ナイジェリア、シエラレオネ、チャド、2つの視点においてリスクが高いニジェール、ブルンジ、マリ、リベリア、ギニア、中央アフリカ、南スーダン、リビア、エチオピア、マダガスカル、ジンバブエにおいて、事業を進める上では他国よりもリスクに関する情報の収集に注力し、実態を詳細に把握した上で、リスクを回避する必要がある。また、新興国におけるリスク管理に慣れていない企業は、これらの国々での事業展開は避け、アフリカ地域内の他国でアフリカビジネスに関する経験を積んだ後に改めて事業展開を検討するほうがよい。

# 2 アフリカ各国の3つのビジネスチャンス

### 1 マクロ指標から見た市場の成熟度

次に、ビジネスチャンスである。先述したとおり、ビジネスチャンスについては、「マクロ指標から見た市場の成熟度」、「企業の現地中核拠点としての重要度」、「金融機関の投融資対象としてのアフリカ市場の有望度」の3つの視点から市場の実態を把握し、企業が進出すべき市場の特定を行う。

まず「マクロ指標から見た市場の成熟度」である。通常、日本企業が多くの国の中から進出すべき国を選ぶ際のスクリーニング指標として使用されるのは人口と1人当たりGDPである。この2つの指標を用いて、各国の市場の規模と豊かさを読み取り、詳細な分析を行う対象国を選定することが多い。例えば、消費財・食品業界においては、1人当たりGDPが3000ドルを超えると、特定の製品が売れ始めるという法則を自社の経験に基づいて見出し、そ

の法則を用いて進出を検討する国を選ぶ企業も存在する。

　しかし、アフリカの場合、人口と1人当たりGDPだけで有望市場を見出すことは難しい。まず、人口に関していえば、アフリカにおいては一国一国の人口は少ない。そのため、人口の規模だけでみると、有望市場がほとんど存在しないかのように見えてしまう。また、1人当たりGDPに関しても、この指標に頼りすぎていては、アフリカ特有の事情により、有望市場の特定を見誤る場合がある。

　なぜならば、アフリカ市場は、石油等に代表される資源によりGDPが大幅に押し上げられている場合が多く、資源によって得られた富が賄賂等により特定の個人や企業に集中してしまうことがある。結果として、実際には市場が成長していない国の1人当たりGDPが高くなるのである。

　こうしたアフリカの特異性を踏まえた上で、アフリカ市場の有望度を正確に見極めるためには、各国の人口・1人当たりGDPに加えて、①経済共同体、②中間層人口／比率、③若年層人口という3つの要素に注目をする必要がある。

　まず、経済共同体だが、アフリカには複数の経済共同体が存在しており、近年では各経済共同体が自由貿易圏を形成し、経済共同体内での貿易が活発になり始めている。中でも、東アフリカ共同体（EAC）は、ケニア・タンザニア・ウガンダ間を中心に貿易の活発化が著しい。このように経済共同体が機能することにより、一国一国ではなく、経済共同体単位で市場を捉えることができるようになる。いわば市場を点から面として認識することが可能となる。

　例えば、EACは、1億3千万人強の人口を有し、その市場規模はアジア各国と比較しても十分な規模を有する。国単位で注目するのではなく地域に注目をし、EACにおけるケニアのような現地中核拠点になりうる国から地域市場に進出することが望ましい。

　なお、アフリカにおいては、このように地域で市場をみるときに、言語圏に注目することが必須となる。例えば、北アフリカはイスラム語圏が、東アフリカは英語圏が多く、西アフリカはフランス語圏が多いといった言語圏での結びつきが強く、それが地域展開に大きく影響してくる。具体的にいえば、言語圏での結びつきは、現地の販売代理店の物流網にも大きく影響してくるため、経済共同体の中でも特に共通する言語圏がどの範囲に広がっているの

かを確認する必要がある。こうした国間での結びつきについては、第5章で詳細に記載する。

## 2　4つのカテゴリー分類で有望市場を見極める

　次に、地域市場に進出する際の核となる国を選定する際に注目すべきなのが、アフリカで急増している中間層の存在である。この中間層はその規模、国全体の人口に占める割合、将来の成長性を見る必要がある。まず、中間層人口に注目することで、実際に該当国に豊かな市場があるのかどうかを見極める。また、中間層比率に注目することで、該当国において、中間層市場がその国における主要市場なのかどうかを見極めることが重要である。すなわち、中間層市場が存在するだけではなく、企業が実際に中間層向け物流網・店舗網を通じてアプローチできる市場が多く存在するということを確認する。

　こうした視点は該当国に対する現地中核拠点の設置しやすさにも大きく影響する。さらに、中間層だけではなく、各国において、将来所得を向上していく予備軍としての若年層人口に注目することで、今後のその市場がどの程度成長の余地を持っているのかを見極めることができる。

　これらの経済共同体、中間層人口／比率、若年層人口の3つの指標に注目することで、どこに有望な市場が存在するか目途をつけることができる。具体的にはアフリカ各国を3つの指標によって4段階のカテゴリーに分類し、それにより現地中核拠点に適した国を選定できる。

　カテゴリー1はすでに市場が成熟しつつある国々である。このカテゴリーに分類されるのは、中間層比率が75％を超え、総人口が1000万人を超えている国々であり、経済共同体の中で特に影響力が大きく、中間層人口の規模が大きい順に注目度が高い国となる。具体的には、エジプト、モロッコ、アルジェリア、チュニジアといった北アフリカ諸国である。

　次に、カテゴリー2は、近い将来市場が成熟することが期待できる国々である。このカテゴリーに分類されるのは、中間層比率が33.3％を超え、総人口が1000万人を超えている国々であり、経済共同体の中で特に影響力が大きく、中間層人口の規模が大きい順に注目度が高い国となる。具体的には、南アフリカ、ケニア、ガーナ、コートジボワール、カメルーン、アンゴラ、セ

図表2-7　アフリカ市場のカテゴリー分類（2011年時点）

| 国名 | 中間層比率(%) | 中間層人口(千人) | 若年層人口(千人) | 参加している主な経済共同体 | 総人口(千人) | 一人当たりGDP(USドル) | |
|---|---|---|---|---|---|---|---|
| エジプト | 79.7 | 63,247 | 25,831 | COMESA | 79,356 | 2,922 | カテゴリー1 |
| アルジェリア | 76.6 | 28,094 | 9,640 | AMU | 36,676 | 5,001 | |
| モロッコ | 84.6 | 27,230 | 8,931 | AMU | 32,187 | 3,162 | |
| チュニジア | 89.5 | 9,536 | 2,468 | AMU | 10,655 | 4,593 | |
| 南アフリカ | 43.2 | 21,855 | 15,075 | SADC,SACU | 50,591 | 8,342 | カテゴリー2 |
| ケニア | 44.9 | 18,369 | 17,653 | COMESA、EAC | 40,910 | 882 | |
| ガーナ | 46.6 | 11,326 | 9,594 | ECOWAS | 24,304 | 1,588 | |
| コートジボワール | 37.1 | 8,417 | 8,190 | ECOWAS | 22,687 | 1,049 | |
| カメルーン | 39.2 | 8,206 | 8,109 | CEMAC | 20,934 | 1,234 | |
| アンゴラ | 38.1 | 7,477 | 9,073 | SADC,SACU | 19,625 | 5,061 | |
| セネガル | 35.7 | 4,799 | 5,559 | ECOWAS | 13,443 | 1,096 | |
| ナイジェリア | 22.8 | 36,558 | 69,609 | ECOWAS | 160,342 | 1,541 | カテゴリー3 |
| エチオピア | 21.5 | 18,669 | 34,581 | COMESA | 86,834 | 351 | |
| タンザニア | 12.1 | 5,103 | 20,709 | EAC | 42,176 | 550 | |
| ウガンダ | 18.7 | 6,583 | 16,691 | COMESA、EAC | 35,201 | 453 | |
| モザンビーク | 9.4 | 2,070 | 10,507 | SADC | 22,017 | 551 | カテゴリー4 |
| マダガスカル | 9 | 1,967 | 9,117 | COMESA | 21,851 | 428 | |
| ニジェール | 14 | 2,112 | 7,869 | ECOWAS | 15,085 | 428 | |
| ブルキナファソ | 13.3 | 2,000 | 7,686 | ECOWAS | 15,034 | 670 | |
| マリ | 25.1 | 3,465 | 7,475 | ECOWAS | 13,803 | 796 | |
| マラウイ | 8.5 | 1,374 | 7,056 | COMESA、SADC | 16,166 | 350 | |
| ザンビア | 14.4 | 1,956 | 6,270 | SADC | 13,585 | 1,355 | |
| ルワンダ | 7.7 | 786 | 4,690 | COMESA、EAC | 10,208 | 585 | |
| ギニア | 10.6 | 1,122 | 4,374 | ECOWAS | 10,589 | 438 | |
| ベナン | 17.7 | 1,755 | 3,968 | ECOWAS | 9,914 | 756 | |
| ブルンジ | 3.3 | 278 | 3,230 | EAC | 8,436 | 197 | |
| シエラレオネ | 18.6 | 1,116 | 2,575 | ECOWAS | 6,000 | 347 | |
| トーゴ | 20.4 | 1,456 | 2,418 | ECOWAS | 7,139 | 511 | |

なお、2011年時点で人口が500万人に満たない国、中間層比率のデータが欠如している国を除く

カテゴリー1：すでにマーケットとして成熟しつつある国々
カテゴリー2：将来的にカテゴリー1に入るポテンシャルが高い国々
カテゴリー3：国全体の経済発展の度合いは低いが、今後の市場成長や主要都市の潜在市場は期待できる国々
カテゴリー4：現時点では、将来の市場としてポテンシャルが低い国々

（出所）アフリカ開発銀行、国連、世界銀行によるデータをもとにNRI作成

ネガルである。カテゴリー1及びカテゴリー2は現在でも市場として十分魅力的な大きさを備えていると考えられるため、地域市場を攻める際の拠点として注目すべき国々だと考えられる。

カテゴリー3は、国全体の市場成熟度が低いが、今後の市場拡大の可能性がある国々である。このカテゴリーに分類されるのは、中間層比率が33.3%以下ではあるが、中間層人口が500万人を超えている国々であり、今後の成長力に注目するという意味から若年層人口の規模が大きい順に注目度が高い国となる。具体的に注目度の高い国々の名をあげると、ナイジェリア、エチオピア、タンザニア、ウガンダとなる。こうした国々は現地中核拠点から面で地域市場を押さえる際に進出すべき国だと考えられる。ただし、ナイジェリアはアフリカの中でも群を抜いた人口を有するため、単国として市場を捉えることも可能である。そうした場合においては、国の中でも首都など中間層比率が高い地域のみでの事業展開を行うことで、十分に成熟した市場にアプローチすることが可能だと考えられる。

最後に、カテゴリー4や人口規模が少ないため、カテゴリー分類から外れた国々である。こうした国々は、現段階では、市場が成熟しておらず、急激な成長も見られない。しかし、国によっては、治安が安定している、特定のセクターだけ発達している、といった特性が見られるため、地域戦略を実施する際の効率性や現地パートナーとの関係を考慮しながら、自社の市場に加えるかどうかを検討すべき国々だと考えられる。このカテゴリーにおいても、今後の成長力に注目するという意味から若年層人口の規模が大きい順に注目度が高い国だと考えられる。

## 3 企業の現地中核拠点としての重要度

次にマクロ指標からの分析に加えて、実際に、先行する他国企業がどのようにアフリカ市場を攻めているのかに注目することによって、企業の現地中核拠点として各国が機能しているのかどうかを確認していく。

エリクソン、シュナイダーエレクトリック、ボーダフォン、サムスン電子、ネスレ、ユニリーバといった欧州・アジア新興国企業のアフリカでの拠点に注目すると、やはり各企業とも現地中核拠点を設置し、面でアフリカ市場を

捉えていることが読み取れる。また、各企業の現地中核拠点は、マクロ指標から分析した際の国に合致する。具体的にいえば、北アフリカではエジプト、モロッコ、東アフリカではケニア、西アフリカではセネガル、コートジボワール、ガーナ、ナイジェリア、南部アフリカでは南アフリカに現地中核拠点が置かれている。こうした現地中核拠点それぞれが管轄する国々を見ても、各経済共同体の範囲に合致する部分が多い。

　ただし、現地中核拠点の管轄する拠点数に注目すると、ナイジェリアは単国で捉えているか、多くとも2カ国を管轄するに留まっており、現地中核拠点として位置づけられることが少ないことも読み取れる。また、地域展開という視点から見ると、企業によっては中央アフリカ市場をカメルーンから管轄するという市場の捉え方をしている企業も見てとれるが、中央アフリカの国々の市場の有望度を考えると、アフリカ進出が相当進んだ後の戦略になると考えられる。

　また、これから日本企業が現地中核拠点を設立する際には、欧州・韓国企業が現地中核拠点を設立した時点と、現在では状況が異なる点があることには留意したい。例えば、北アフリカは国間の関係の変化やアラブの春によって大きく状況が変化している。ネスレは、北アフリカの現地中核拠点をモロッコ・エジプトの2カ国とし、モロッコ拠点はアルジェリアとチュニジアを、エジプト拠点はリビアとスーダンを管轄している。しかし、現在モロッコとアルジェリアの国境は閉鎖をされており、モロッコ拠点からアルジェリアを管轄することは実質的に難しい。また、エジプトは国内の政治不安定のために拠点としての役割を安定的に果たすことが難しい状況に置かれつつある。

　こうした中で台頭してきているのがアルジェリアとリビアに挟まれたチュニジアである。チュニジアは、アラブの春の発端の国であるが、非常に教育水準が高く、商才に長けた人々が多い国でもある。アラブの春も教育水準が高くなりすぎたために起きたという見方もある。2015年初めに新政権が発足し、アラブの春以降の4年間の民主化プロセスを完了させたが、その間も政府関係機関は暫定政権下において着々と自国企業のリビア・アルジェリアへの市場進出を推し進めてきた。

　具体的には、輸出を前提とした工場の設置に対する優遇制度の充実やアル

**図表2-8　欧州・韓国企業による現地中核拠点**

| 事業分野<br>企業名<br>地域区分 | インフラ | インフラ&<br>耐久消費財 | 耐久消費財 | | 消費財 | |
|---|---|---|---|---|---|---|
| | エリクソン | シュナイダー<br>エレクトリック | ボーダフォン | サムソン | ネスレ | ユニリーバ |
| 北アフリカ | エジプト | エジプト | ― | ― | モロッコ<br>エジプト | モロッコ |
| 東アフリカ | ケニア | ケニア | ― | ― | ケニア | ケニア |
| 西アフリカ | セネガル | セネガル<br>コートジボワール<br>ナイジェリア | ― | ― | ガーナ | ― |
| 南部アフリカ | 南アフリカ | 南アフリカ | 南アフリカ | 南アフリカ | ― | ― |

(出所) 各種公開資料とヒアリング調査をもとにNRI作成

ジェリアへのアクセスがよい土地に工業団地を設置する等、マグレブ市場の中核拠点としての条件を整えつつある。中間層比率がアフリカで最も高いチュニジア、アフリカ一の面積を誇り中間層人口ではモロッコを上回るアルジェリア、人口は約650万人と少ないものの石油の産出国であり、1人当たりGDPが最も高く、かつ充実した社会保障制度によりオイルマネーが国民に分配をされているがために生活水準が非常に高いリビア。アルジェリアとリビアの治安が非常に悪く日本企業による直接的な進出が難しい中で、両国でのビジネスに長けたチュニジア企業と連携し、アルジェリア・チュニジア・リビアの3カ国市場での事業を拡大するというのが、これからの新たな現地中核拠点戦略の一つとして有効だと考えられる。

　もちろん、チュニジアにおいても近年においては、イスラム過激派によるテロが起こる危険性も高まってきていることには注意したい。実際、2015年3月にチュニジアの首都チュニスで発生した武装集団による博物館襲撃は外国人観光客を巻き込んだという観点から衝撃的な事件であった。しかし、それでもチュニジアがアルジェリアやリビアより治安面でのリスクが低いことに変わりはない。

　先述したとおり、大事なのは現地の生の情報であり、治安面でのリスクが

ある国や地域においては、そうした生の情報を収集できる体制を構築し、リスクが高まる時期を察知し、適切な対応を行うことが重要である。北アフリカにおいては、状況の変化が著しいため、先行する欧米企業が過去に設置した現地中核拠点から市場の実態を把握するだけではなく、直近の各社の体制の変化にも注目し、状況の変化にどう対応しているのかを把握する必要がある。

このように、企業の現地中核拠点としての重要度を読み解く際には、欧州・韓国企業の現地中核拠点を参考にしながらも、現在の国間の関係や政治の状況等を踏まえて、自社の進出国を見定める必要がある。

## 4　金融機関の投融資対象としてのアフリカ市場の有望度

最後に、成長市場に対して積極投資を行っている金融機関の拠点・投資実績に注目する。特に、ここでは、世界最大の新興国におけるプライベートエクイティファンドである国際金融公社（IFC）の拠点・投融資実績に注目する。

IFCは、商業銀行が投融資をしない企業を対象に国際開発の観点から積極的に投資をする世界銀行グループの中核となる組織である。IFCの投資担当者には、民間の投資銀行出身者が多く、そのために投融資のパフォーマンスも最低でも年10％のリターンを維持する等、非常に優良な投融資が実施されている。そのため、IFCの拠点に注目することで、どの国がビジネスチャンスに関する情報が集まりやすい国なのかがわかる。また、IFCの各国での投資実績に注目することによって、今後その国において、産業の多角化の進捗度合いと、業種ごとにビジネスチャンスが生じているかどうかを把握することができる。実際、IFCの投融資実績は公開をされているため、アフリカ各国の地場銀行が自らの投融資戦略を考える際に、参考にすることも多いといわれている。

まず、IFCの現地中核拠点から見る。IFCはサブサハラのヘッドオフィスを南アフリカに有しており、そこからサブサハラ市場全体の情報を把握している。また、リージョナルヘッドオフィスを東アフリカのケニア、西アフリカのセネガルに有しているため、地域別による詳細な情報をこうしたリージョナルヘッドオフィスから把握していると考えられる。そういった意味では、マ

**図表2-9　IFCの現地中核拠点**

| | 国名 |
|---|---|
| サブサハラアフリカ<br>ヘッドオフィス | 南アフリカ |
| リージョナルヘッドオフィス | セネガル、ケニア |
| リージョナルオフィス | カメルーン、中央アフリカ、コートジボワール、コンゴ民主共和国（DRC）、エチオピア、ガーナ、リベリア、マダガスカル、モザンビーク、ナイジェリア |
| カントリーオフィス | ブルキナファソ、ルワンダ、シエラレオネ、タンザニア、ザンビア |

(出所) IFCウェブサイトをもとにNRI作成

クロ指標からの分析や他国企業のアフリカ市場進出状況にも合致している。

次に、IFCの投資実績に注目する。本書では、近年の投資実績の例として2010年度に発表された投資実績から各国の有望分野を把握する。まず、アフリカ市場全体の投資実績を見た場合、金融がかなりの数を占める。これは、単純に市場が活性化すると、事業を支える金融セクターが伸びるという事実がある以外に、IFCが地場銀行に一定規模の投融資を行い、地場銀行が中小規模の投融資を地場企業に実施するという仕組みがよく採用されるという理由がある。

それ以外の投資企業数が多い業種を見ていくと、資源関連、アフリカの多くの人口が従事し各国GDPの多くの割合を占める農業、食品や繊維・衣料といった消費財、観光関連、インフラとしての情報通信・電力、様々な製造業を支える化学・素材や輸送・倉庫業が伸びていることがわかる。ここからアフリカ市場全体でみると、IFCの投融資を受けることが可能な規模や成長力を持っている企業は、食品や繊維・衣料のように人口の増加により必ず需要が高まる産業に加え、現地中小企業の事業基盤を支える産業が主となることがわかる。

次に、先述したカテゴリー1及びカテゴリー2の国に注目し、各国でどのような産業が投融資対象になっているのかを把握する。これにより、各国の産業の多角化がどこまで進んでいるのかが明確となり、自社のビジネスチャンスの有無を把握することができる。アフリカの産業多角化は大きく4つの段階

**図表2-10　IFCの投資実績から読み解くアフリカ市場の発展段階**

| | ステージ別の市場の特徴 |
|---|---|
| ステージ1 | セメント等のインフラプロジェクトに紐づく非金属鉱物製品製造や化学のみ |
| ステージ2 | 農業や食品・飲料、もしくは宿泊施設・観光に拡大 |
| ステージ3 | 繊維・衣料や工業製品等の非耐久消費財・耐久消費財に拡大 |
| ステージ4 | 教育や医療といった公益的な業種に拡大 |

で進んでいくと考えられる。

　まずアフリカにおいては、先進国や国際機関等の援助により道路・港湾等を始めとしたインフラプロジェクトが実施されている。そのため、インフラプロジェクトに必要な素材等の産業は活性化する。次に、農業の活性化や観光業による国の経済成長が始まる。その後、ある程度中間層人口が増加したのちに、非耐久消費財・耐久消費財の需要拡大に応じて関連の産業が拡大する。そして、その後、より質の高いサービスを求め、教育や医療といった分野に対する民間投資が増加していく。

　そのため、具体的には、投融資対象が、ステージ1：セメント等のインフラプロジェクトに紐づく非金属鉱物製品製造や化学のみ、ステージ2：農業や食品・飲料、もしくは宿泊施設・観光に拡大、ステージ3：繊維・衣料や工業製品等の非耐久消費財・耐久消費財に拡大、ステージ4：教育や医療といった公益的な業種に拡大、といった段階に着目することで、産業の多角化の進捗度合いを測ることができる。すなわち、各国の市場について自社が属する業種が成長する段階になっているかどうかを把握することができる。

## 5　日本企業にとっての有望ビジネスと産業分野のマッピング例

　これまで紹介した3つの視点から得た情報から、業種ごとにどのようにアフリカ市場に進出していけばよいのかが見えてくるはずである。

　これまでの検討から作成した「日本企業のアフリカ展開が有望視される新たなビジネスと産業分野のマッピング例」からは、例えば、日本企業による西アフリカ市場への進出が非常に少ないが、実際には西アフリカ市場も有望な市場と考えられることがわかる。

**図表2-11　日本企業のアフリカ展開が有望視される新たなビジネスと産業分野のマッピング例**

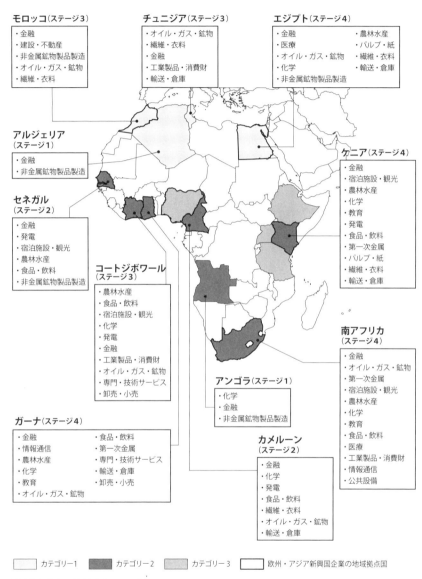

(出所) 各種公開資料をもとにNRI作成

第2章　アフリカ市場の読み解き方　63

アフリカ市場においては、地域的偏りを持たず、東西南北の各地域を視野に地域戦略を立てることで、アフリカ市場という巨大市場における有望市場を確実に押さえていくことが必要である。

　他方、現地中核拠点に関しては、東アフリカはケニア、南部アフリカは南アフリカと比較的絞りやすいのに対して、西アフリカは現地中核拠点になりうる国が複数存在している。そのため、産業の多角化のステージと言語圏との関係から最適な拠点を選ぶ必要があるだろう。そうすることで、東西南北のすべての地域において、地域展開に必要な拠点を選び出し、企業ごとに適したアフリカ市場進出シナリオを描くことができるだろう。

## コラム② アフリカ各国にある日本政府機関との付き合い方

　日本企業がアフリカでビジネスを推進しようとする際に、必ず関係を持つことになるのが各国にある日本政府機関である。安全情報の収集という観点から、頻繁に連携を取っておいたほうがいいのはもちろんのこと、ビジネス機会の発掘という意味でも強い味方になってくれる。

　日本企業の味方になってくれる日本政府機関というと、日本貿易振興機構（ジェトロ）の名前を思い浮かべる人も多いのではないだろうか。残念ながら、アフリカ市場においては、ジェトロが味方になってくれる国は限られている。2015年8月時点において、ジェトロの事務所はアフリカのエジプト、ケニア、コートジボワール、ナイジェリア、南アフリカ共和国、モロッコの6カ国にしか存在しない。2013年のTICAD Vにおいて、今後合計10カ国に拠点を設置するという計画が提示され、現在タンザニア、エチオピア等で設置に向けた動きがある。しかし、アフリカ54カ国をカバーするのに十分な数とはいえず、しかもアジアと比べると職員の数も限られ、現地拠点があってもカバーできている領域は限られている。

　また、民間組織においてもアフリカ各国に進出している日本企業の数が限られているため、現地に拠点を有する日本企業で構成される商工会が存在しない国が多い。そのため、アフリカ各国においてはこうした状況をカバーするために、在外公館や国際協力機構（JICA）が企業のビジネス支援を行っている場合が多い。

　従来は、外務省が管轄している在外公館やJICAは、国と国の間の外交や途上国に対する援助、日本人の安全確認等を行うことが主な役割であり、日本企業のビジネスを支援することは活動領域外とされることが多かった。そのため、日本企業の中でも途上国においてこうした組織に足を運んでみたものの、そっけない対応をされてしまったとか、時間は取ってもらったものの有力な情報は得られなかったとかいう経験をしたこ

第2章　アフリカ市場の読み解き方　65

とがある人は多いのではないだろうか。

　しかし、最近になって、状況は大きく変わってきている。2012年3月に中小企業海外展開支援大綱が改訂され、外務省やJICAを含めたオールジャパンでの日本企業の支援が可能となった。従来から在外公館とJICAによる支援が求められてきたアフリカ地域において、本格的に彼らが日本企業を支援できる状況になったのである。現在では、大使自ら日本企業の事業立ち上げを積極的に支援してくれる国もあるほどである。

　また、日本大使館には外務省の職員だけではなく、経済産業省の職員がアタッシェ（専門的職員）として派遣されていることも多く、日本企業の事業についても十分な知見を有した上で、支援を行ってくれる場合もある。日本大使館をはじめとする在外公館はアフリカ54カ国すべての国の情報を把握しているし、JICAも54カ国中38カ国に拠点を持っている。そのため、ジェトロが海外事務所を有する国々以外を対象に事業を進める際には、在外公館やJICAを訪問し、彼らの協力を仰ぐことが望ましい。

第3章

# アフリカ市場への4つのエントリー戦略

第1章で述べたとおりアフリカ市場は、先進国市場やアジア市場には存在しない課題を有しており、日本企業が事業を展開するためにはアフリカ市場に適したエントリー戦略に着手する必要がある。具体的には、日本企業が取るべきアフリカ市場へのエントリー戦略は、大きく4つあると考えられる。①核となる国々に対する段階的投資による進出、②BtoG/B市場を核とした進出、③第三国企業との連携による進出、④現地企業に対するM＆Aを通じた複数国同時進出の4つである。

　どのくらいの時間軸でアフリカ進出を考えるかによって、取るべきエントリー戦略は異なる。アフリカ市場の成熟度合いを確認しながら中長期的な進出を考えるのであれば、①の戦略を取るべきだし、一気に進出するのであれば④の戦略を取るべきである。当然、業界によってアフリカ市場の成熟度も異なる。自社の事業領域と市場の成熟度を見比べながら、着手すべきエントリー戦略を選択してほしい。

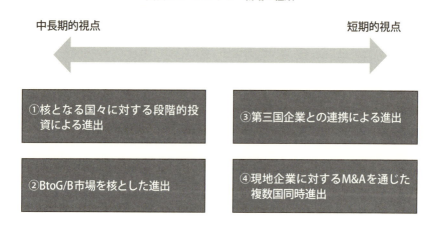

図表3-1　エントリー戦略の種類

# 1 核となる国々に対する段階的投資による進出

　それでは、成長が続くかどうかわからず、不確実性の高い状況において、日本企業はどのような意思決定をすればよいのだろうか。その答えの一つが段階的投資による進出である。例えば、メーカーであれば、「まず販売代理店経由で製品を流通⇒販売代理店が組み立て工場を設立する際に技術協力する⇒販売量が多くなった後に、販売代理店に出資⇒さらに販売量が多くなった後、買収もしくは合弁会社を設立し、本格参入⇒工場を設立し現地生産体制を確立」といったステップが考えられる。こうして、市場の成長とそれに伴う自社の販売量の増加に比例して自社の投資を増やしていくといった段階的投資を行うことにより、市場が成長した際のビジネスチャンスを逃すことなく、市場の成長が止まった際に損失を最小限に抑えることができる。

　例えば住友化学は、A to Z Textile Mills（以下、A to Z）というアフリカ企業と合弁会社Vector Health Internationalを設立し、防虫蚊帳のオリセットネット

図表3-2　アフリカ市場への段階的な出資

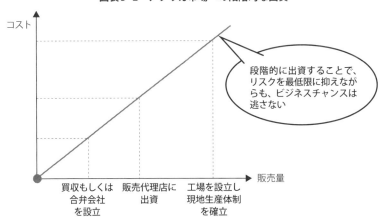

の販売を行っている。住友化学はまずA to Zに技術支援をして、A to Zがオリセットネットを製造できるようにした。事業を拡大、事業としての継続的な成長可能性を見極めたうえで、上述の合弁会社を設立し、オリセットネット事業を拡大している。

このような段階的投資は王道の手段の一つだと思われるかもしれない。しかし、実際には自社で描いたストーリーどおりの展開がうまく実現できないケースが多い。市場の成長が止まった際の撤退の判断が遅くなってしまう場合も多いが、それよりも市場の成長が著しいときにその成長に比例して自社の販売量が増えていかない場合が多い。その原因の一つとして、現地パートナーである販売代理店のキャパシティ不足があげられる。急成長する市場において販売量を増やそうとする際に、販売代理店の資本が不足し、結果として販売量の増加が市場の成長に追い付いていかないということがよく起こる。

アフリカ市場では金融市場が成熟していないために、現地中小企業に対する金融支援は十分に行われておらず、行われていたとしても金利が非常に高いため、現地パートナーが実質的に融資を受けることが難しいといった場合が多い。日本企業としても、市場の成長が止まった際の損失を抑えようとするので、この段階で出資をすることをためらってしまう。

こうした場合、IFC（国際金融公社）やAfDB（アフリカ開発銀行）、JBIC（国際協力銀行）のような金融市場が未発達な国で金融支援を行う国際金融機関や政府系金融機関の支援を活用することが有効である。例えば、IFCは近年、サプライチェーンや販売代理店の支援に力を入れている。IFCは現地金融機関を支援し、同金融機関が先進国企業の現地パートナーであるサプライヤー（原材料・部品供給者）や販売代理店の事業拡大のために必要な投融資を積極的に行うことで、事業規模の拡大を図っている。

また、IFCの支援を受けたという事実により、現地金融機関からの信用力が高まり、その後の融資も受けやすい状況になっていくことが予想される。このような仕組みを活用することで、日本企業が市場の継続的な成長を確信し、さらなる投資を意思決定する段階まで販売量を高めていくことができるだろう。

先述した住友化学においても、工場設立時にはJBICの融資を活用すること

で、現地合弁会社の信用力を高め、現地金融機関からの融資を受けやすい状況を生み出し事業としての拡大可能性を高めている。このように、アフリカ市場のような急成長市場においては、日系金融機関や現地金融機関以外の国際金融機関や政府系金融機関とも積極的に連携をしていくことが重要である。

## 2 BtoG/B市場を核とした進出

　アフリカ市場においては、BtoC市場は急成長が始まったばかりで、先述したように不確実性が高い。他方で、現地政府による投資活動や現地企業による事業活動は比較的安定的に行われているため、まずBtoG/B市場で事業展開の足掛かりを作り、その後BtoC市場での事業を展開していくという戦略が有効である。こうした戦略は、インフラ事業に限らず消費財市場でも通用する。

　例えば、トヨタ自動車やヤマハ発動機はアフリカ市場での重要な顧客として、国際機関・NGO・現地政府機関・現地企業に対して自社の製品を大量に提供し、安定的な事業展開を行っている。アフリカの現地に行くと、警察がヤマハ発動機のオートバイを使っている光景をよく見かける。その他、ウガンダではサラヤがアルコール手指消毒剤を病院に対して販売している。

　それでは、こうしたBtoG/B市場での事業展開はどのように始めればよいのだろうか。当然ながら、短期的に事業機会が生まれるわけではない。対象組織のキーパーソンに対してアプローチするとともに、他組織での実績をアピールすることで、対象組織内の予算を確保してもらい、その後、他社との競争に打ち勝った上で安定的に製品を調達してもらう必要がある。特に、現地政府に対する営業活動は、企業も中長期的に政策にコミットメントをしていく覚悟が求められる。

　例えば、ドイツのシーメンスは、自社のインフラ事業、BtoB事業として、

**図表3-3　シーメンスとEIUによるAfrican Green City Indexの全体結果**

| | 全体 | エネルギー&CO₂ | 運輸 | 水 | 大気環境 | 土地利用 | 廃棄物 | 衛生 | 環境管理 |
|---|---|---|---|---|---|---|---|---|---|
| アクラ | 4 | 4 | 2 | 3 | 4 | 3 | 3 | 4 | 5 |
| アディスアベバ | 3 | 5 | 2 | 4 | 2 | 4 | 3 | 2 | 2 |
| アレクサンドリア | 3 | 3 | 3 | 2 | 3 | 2 | 5 | 3 | 3 |
| カイロ | 3 | 3 | 4 | 3 | 3 | 3 | 2 | 3 | 3 |
| カサブランカ | 4 | 4 | 3 | 4 | 4 | 4 | 3 | 4 | 3 |
| ケープタウン | 4 | 2 | 4 | 4 | 4 | 5 | 4 | 3 | 4 |
| ダーバン | 4 | 2 | 4 | 4 | 4 | 4 | 4 | 4 | 4 |
| ダルエスサラーム | 1 | 3 | 2 | 3 | 2 | 2 | 1 | 1 | 2 |
| チュニス | 4 | 2 | 4 | 3 | 4 | 3 | 4 | 4 | 3 |
| ナイロビ | 2 | 2 | 2 | 3 | 2 | 3 | 3 | 3 | 3 |
| プレトリア | 3 | 2 | 4 | 3 | 4 | 3 | 1 | 2 | 4 |
| マプト | 1 | 2 | 2 | 2 | 2 | 2 | 3 | 1 | 2 |
| ヨハネスブルク | 4 | 4 | 4 | 3 | 4 | 4 | 3 | 3 | 4 |
| ラゴス | 3 | 5 | 3 | 3 | 3 | 2 | 4 | 3 | 3 |
| ルアンダ | 2 | 3 | 1 | 1 | 2 | 1 | 3 | 3 | 1 |

1：平均よりずっと低い　2：平均より低い　3：平均　4：平均より高い　5：平均よりずっと高い

シーメンス・EIU "African Green City Index"（2011）をNRIが意訳

スマートシティ事業を積極的に展開しており、アフリカ現地政府への営業活動を積極的に行っている。具体的には、エコノミスト社が有する調査機関であるEIU（Economist Intelligence Unit）と連携し、African Green City Indexを開発して、アフリカ主要11カ国・15都市の分析を行った上で課題等を世界中に公表している。そして、こうした課題を解決する自社のソリューションをアフリカ主要国・主要都市政府に対して提案しているのである。

　アフリカ市場は急成長している最中であり、アフリカ主要国は主要国同士でどこがアフリカ市場の核としての立ち位置を確立できるのかを競っている。そこで、世界的に知名度があり、信用度が高いエコノミスト社のブランドを活用し、各国を横並び評価し競争心をあおった上で他国を上回るための提案

を行っているのである。

　豊田通商は、ケニア共和国政府のVISION 2030 DELIVERY BOARD（VDB）と同国の国家ビジョンの実現に向け、自動車分野、電力・エネルギー分野、石油・鉱物資源分野、環境保全分野、農業産業化分野において、両者が協力して包括的に取り組んでいくことに関し覚書を締結している。このように、現地政府の国家ビジョンの実現にコミットメントすることによって、現地政府によって組成される案件に他社よりも優位な立場で関わっていくことができるようになる。

　IBMは、Corporate Service Corpsという次世代リーダーをプロボノとして現地政府等に派遣するプログラムを展開しており、ナイジェリアのクロスリバー州に派遣された従業員がヘルスケア政策の支援を行い、その後事業としての正式な契約を行ったという事例もある。

　また、同様に現地企業に対するB to B事業においても、顧客の事業に強くコミットメントをし、事業機会を得る取り組みが多く存在する。例えば、エリクソンは現地に普及する携帯電話の基地局に対する通信機器・システム等の提供の事業機会を得るために、現地の携帯電話事業による最終消費者に対する独自のサービス開発を、携帯電話事業者と共同で実施している。

　これらの取り組みのように、積極的に、そして中長期的に現地政府・企業にコミットメントをしていくことで、BtoG/B市場への展開を競合他社への競争優位性を保った上で行っていくことが可能になる。結果、BtoG/B市場での事業展開により安定的な収入を得ることができれば、現地スタッフの経験の蓄積、現地市場での信用力・レピュテーションの向上、大量生産によるコストの削減により、B to C市場への事業展開もより低いコスト・リスクで実施することが可能になるだろう。

　それでは、具体的にどのような国がBtoG/B市場で攻めやすい国と言えるのだろうか。国を選定する際に、最も重視すべきポイントは、現地政府の政策実行力だと考えられる。近年、アフリカ各国の政府は、自国に海外投資を呼び込もうと様々な計画を打ち出している。中には、海外企業の事業展開に対する優遇制度や市場の腐敗を正す規制、具体的なビジネスチャンスとなる政府調達に直結する計画が存在する。他方で、アフリカにおいては、現実とし

ては優遇制度や規制が十分に機能しないことや、政府調達においても政府の支払い能力の欠如から支払いの遅延が起こる場合も多い。

こうした政府の政策実行力の高低は、電力・物流・金融・都市開発等のビジネスインフラの整備状況にも影響を与えるため、結果として国内の産業発展、企業間の取引の活発化にも大きな影響を与える。そのため、どの国の政府の政策実行力が高いかを見極めたうえでBtoG/B市場で攻めやすい国を選定していく必要がある。現地政府の政策実行力については、結果としての国家の豊かさはもちろんのこと、計画の実効性、規制の順守度、政府支出の効率性、政府の腐敗度等の指標から総合的に評価を行うことができる。

NRIが2014年度に独自に算出した政策実行力ランキングにおいては、上位15位にはセーシェルやモーリシャスといったタックスヘイブンである島嶼国が入っているのと同時に、チュニジアやモロッコ等の教育水準が高い北アフリカ諸国、ガーナや南アフリカといったアフリカ域内外からの投資が集まっ

**図表3-4　アフリカにおける現地政府の政策実行力ランキング（2014年度）**

| 順位 | 国名 |
| --- | --- |
| 1 | セーシェル |
| 2 | ボツワナ |
| 3 | モーリシャス |
| 4 | ルワンダ |
| 5 | カーボベルデ |
| 6 | ザンビア |
| 7 | チュニジア |
| 8 | ガーナ |
| 9 | ナミビア |
| 10 | モロッコ |
| 11 | レソト |
| 12 | ガボン |
| 13 | リベリア |
| 14 | ガンビア |
| 15 | 南アフリカ |

（出所）UNDP「人間開発報告書」等をもとにNRI作成

ている国々が入っている（図表3-4）。BtoG/B事業から参入する際には、こうした政策実行力ランキングを作成し、自社の事業領域における状況を確認していくことが有効だと考えられる。

## 3 第三国企業との連携による進出

### 1 欧州、中東からの統括は限界がある

　日本企業による迅速なアフリカ市場の進出を妨げるこうした課題への対応策の一つとして、第三国企業との連携による進出の検討があげられる。

　日本から見ると、アフリカは地球の裏側ともいえる遠い地域である。実際、アフリカの主要都市の一つであるヨハネスブルクには日本からの直行便はなく、現地に向かうだけでも丸一日を要する。しかし、欧州、インド、中東、南米からならば遠くない。「現地の肌感覚」を捉えやすく、物理的にも近い地域からアフリカを攻めることで、市場に訴求できる商品の開発、現地の厳しいコスト感度に合う低コストの商品供給、これら戦略やオペレーションに関する意思決定のスピードを上げることができる。

　それではどういった第三国企業が連携の候補となるのだろうか。先述したチュニジアも候補の一つではあるが、本章ではインドを連携先とした際のアフリカ市場進出戦略について取り上げることとする。

　これまで、多くの企業は、欧州や中東からアフリカを統括していた。しかし、これには限界がある（図表3-5）。

　まず、欧州、中東（UAE）のターゲット顧客セグメントは、グローバルに見た場合ハイエンドであることが多い。中東（UAE）がハイエンドをターゲットとしている理由は、主に先進国向けのモデルを、中東の富裕層向けに展開しているケースが多いためである。

**図表3-5　欧州・中東（UAE）の拠点の特徴と攻略しやすいアフリカの地域**

〈欧州・中東（UAE）の拠点の特徴〉

|  | 欧州 | 中東（UAE） |
|---|---|---|
| ターゲットセグメント | ハイエンド（欧州ミドルセグメント含む） | ハイエンド（先進国向けモデルの展開） |
| アフリカへの人的ネットワーク | 弱い（旧宗主国のつながりくらい） | アラブ諸国（北アフリカ）とUAEの代理店とのつながり |
| リソース | ハイエンド向けのリソース（商品開発・調達・生産） | 営業・アフターサービスが中心（商品開発・生産機能ほぼなし） |

〈攻略しやすいアフリカの地域〉

産油国で所得が高く、アラブ人社会の北アフリカ諸国、突出して市場の大きい南アフリカのハイセグメントのみに展開

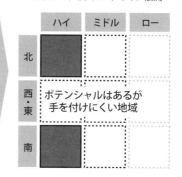

　次に、アフリカ現地への人的ネットワークという観点で見てみよう。欧州の場合、植民地時代における宗主国（主に英国、フランス、ポルトガル）は、これらの国の言語がいまでも公用語として旧植民地国で使用されていることもあり、社会・経済的なつながりがある。ただし、欧州資本が現地経済を牛耳っているわけではなく、また、これらの欧州国人と、現地の流通プレイヤーが強い関係を持っているかというと、そうではない。一方、中東（UAE）の場合、民族・宗教・歴史的なつながりにより、北アフリカには、アラブ商人のネットワークがいまでも色濃く残る。このため、中東（UAE）から北アフリカへは、営業・販売チャネルを構築するという観点ではメリットがある。

　自社のリソースという観点から見てみよう。欧州は、販売だけでなく、商品開発や生産の拠点ともなっているが、これらは先に述べたようにハイエンド向けである。中東（UAE）には、商品開発や生産機能はほとんど集積しておらず、販売機能が中心であるため、アフリカ向けの商品開発・生産拠点としては活用しにくい。

　この結果、欧州、中東（UAE）から攻めやすいアフリカ市場は、産油国で所得が高く、アラブ人社会である北アフリカ諸国および突出して市場の大きい南アフリカのハイセグメントに限られてくるだろう。

## 2　インド、トルコからのアフリカへの展開

　アフリカ市場を本格的に攻略するためには、いまはまだなかなか手のつけられていない、ボリュームゾーンであるミドルセグメント、また西・東アフリカ向けに、商品開発や生産、販売網の構築においてメリットのある新興国からのアフリカへの展開を再考することが望ましい。アフリカ周辺の新興国であり、商品開発・生産も行われ輸出国となっている2つの大国、インドとトルコを比較してみよう（図表3-6）。

　商品開発については、その国とアフリカでのニーズが似ているかどうかが重要である。似ていれば、同じ商品またはほとんどカスタマイズをしていない商品を、アフリカへ展開することができ、効率的である。インドは、所得

図表3-6　アフリカ周辺国からのアフリカへの展開のしやすさ比較

(注) SACU：The Southern African Customs Union（南部アフリカ関税同盟）
　　 GAFTA：Greater Arab Free Trade Area（大アラブ自由貿易地域）

構造や気候、インフラの整備状況などの観点から、サブサハラ（東・南・西アフリカ）と比較的ニーズが似通っている。一方トルコは、北アフリカと似通っている面がある。

　調達・生産については、国内市場規模や事業規模が大きいほど、規模の経済が働きやすく、この点はインドもトルコも同様である。また、供給コストや時間という観点からは、物理的な距離も重要である。船で輸送する場合、インドは、アフリカ東部・南部に近く、トルコは北アフリカに近い。

　販売・アフターサービスという観点では、現地の販売代理店の開拓のしやすさ、管理のしやすさが重要である。特にサブサハラの、英国が旧宗主国だった国には、多数のインド系住民（印僑と呼ぶことがある）が生活しており、いまでもインド文化に則った生活をしている。土木労働者というよりは、流通業をはじめとする、ビジネスの主要な担い手となっている。

　とりわけ南アフリカはインド系移民の歴史が長く、2012年時点でおよそ120万人のインド系人口がいる。また、アフリカ全体では印僑は290万人程度いると考えられている。インド人は、これら印僑系の販売代理店とコミュニケーションをしやすく、また流通構造の複雑さも似ているため、代理店の開拓や管理がしやすい。一方、トルコの場合、UAEと同様、北アフリカのアラブ系の人的ネットワークを活用しやすい。

　最後に、政府支援という観点では、FTAや税制優遇などの輸出支援策が重要である。インド、トルコ両国ともこれら政府の支援策を活用できる。特に、インドでは、2009年にインド政府が税優遇制度である特定市場（Focus Markets）スキームを施行して以来、インドで製造した製品が輸出しやすくなっている。特定市場スキームとは、対象国向けに輸出した場合、満たしている条件に応じて輸出額（本船渡し条件）の3％相当額を事業者に還元する制度である。

　制度の対象はすでにインドからの輸入が10億ドル以上に達しているナイジェリア、エジプト、ケニア、タンザニア、南アフリカ以外のアフリカ各国（ただし、制度施行時に存在しなかった南スーダンは除く）となっており、特に重点国に対しては特別特定市場（Special Focus Markets）スキームとして輸出額（本船渡し条件）の4％相当額を事業者に還元する制度を適応している。

図表3-7 販売アフターサービスや政府支援の観点からインドの影響が大きい国

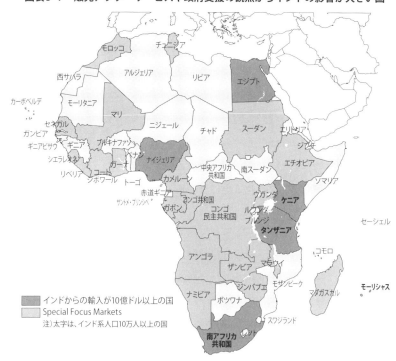

(出所)インド政府公開資料をもとにNRI作成

　なお、モーリシャスは、インドからの輸入が10億ドル以上に達していながら特定市場スキームの対象国となっている。アフリカの金融センターとして著名なモーリシャスは人口の7割近くがインド系住民であり、その数は90万人近くで、アフリカ域外からアフリカ地域への輸出の際の中継拠点としての存在感が増してきている。また、近年ではモーリシャスに地域統括拠点やBPOのためのコールセンターを設置するアフリカ企業も増えてきているため、特にインド・アフリカ間においてモーリシャスはその存在感がこれからますます増してくる国だと考えられる。

　こうした政府による支援を受け、インド企業はアフリカ市場での販売網を着実に拡大するとともに、アフリカ地域内の様々な市場に対する影響力を増していっている。

第3章　アフリカ市場への4つのエントリー戦略

なお、特定市場スキームは、2015年4月に改訂がされ、他のスキームと一体化し、インドスキームによる商用輸出（MEIS：Merchandise Exports from India Scheme）という名称に変更されている。現在では、A、B、CのCountry Groupに対象国が分類され、そのグループと輸出品目の掛け算で還元額が決められる形になっている。より細かい分類で還元額が掲載されることとなったため本書に詳細は記載しないが、アフリカ54カ国は等しくカテゴリーBに分類されることとなり、インド政府が重点領域を設定することで、これまで以上にインド国外への輸出に力を入れていることに注目しておきたい。

　このように、インドは、サブサハラアフリカ向けの商品開発・生産・販売拠点として活用するメリットが大きい。このようなメリットを生かして、すでにインドは一部の製品ではアフリカ向けの輸出国となっている。トルコと比較しても、多数の商品カテゴリーで輸出拠点化していることがわかる。なお、中国もまた、アフリカ向けの輸出国としてのプレゼンスが高い。特に、家電や空調、日用品などで顕著である。アフリカでは、有名無名の中国製品が大量に市場に出回っており、価格がとても安い。

　このようなインドのアフリカ向け輸出拠点としての強みを背景に、すでに、多数のインド企業がアフリカへ進出している（図表3-8）。展開先もアフリカ全土に広がっており、たとえばタタ財閥は、インドに近い東アフリカ（ケニア、ウガンダ、マラウイ、ジンバブエ、ザンビア）を中心に多くの拠点を構えながら、南部アフリカ（モザンビーク、ナミビア、南アフリカ）と西部アフリ

**図表3-8　アフリカに展開しているインド企業の例**

| 分野 | 主な進出企業 |
|---|---|
| 自動車 | タタ（乗用車）、マヒンドラ（乗用車）、バジャジ（二輪車） |
| 日用品 | エマミ（化粧品）、ゴドレジ（整髪料）、アジアンペイント（塗料） |
| IT・通信 | TCS（ソフトウエア）、バルティ・エアテル（通信）、タタ・コミュニケーションズ（通信） |
| サービス | オベロイ（ホテル）、ZEETV（メディア）、アポロ（病院） |
| 農業 | カルトゥリ（パーム油）、ルチ・ソヤ（大豆）、キルロスカ（ポンプ） |

(出所) ジェトロセンサー（2013年4月号）

**図表3-9　日系企業によるインドからアフリカへ展開する取り組み例**

| 企業名 | 主な取り組み |
|---|---|
| トヨタ自動車 | 低価格車「エティオス」を南アフリカに輸出 |
| ヤマハ発動機 | 低価格二輪車のアフリカ向け輸出を検討 |
| パナソニック | インドから洗濯機およびエアコンの輸出を検討 |
| 日立建機 | インドで生産した油圧ショベルを輸出 |

(出所) 各種報道をもとにNRI作成

カ（セネガル、ガーナ、ニジェール）にもそれぞれ展開している。

いくつかの日系企業もまた、インドからのアフリカ展開を開始している（図表3-9）。

例えば、パナソニックは、地域軸を強化したグローバル展開の方針を打ち出しているが、中でもインドは重要な拠点となっている。3つの戦略地域として、インド・南アジア・中東・アフリカ、中国・北東アジア、東南アジア・大洋州を設定しており、インドは、南アジア・中東・アフリカ展開の統括拠点となっている。生産・販売はもちろんのこと、商品開発・マーケティングといった権限も、大幅にインド拠点に委譲されており、インドを司令塔に、インド向けに開発した商品の中東・アフリカへの横展開を図っている。

また、日立建機は、インドにおいて、タタ・グループの中核会社であるタタ・モーターズと合弁会社を作り、インドで商品開発・生産・販売を手掛けている。アフリカについては、もともと日立ブランドでハイエンド向けに自ら展開していたが、ミドルセグメント向けに、タタと共同でインドで開発・生産したモデルを展開している。この際、タタのアフリカにおける販売ネットワークが役立っている。

このように、インドは、アフリカへ本格展開する際の、商品開発・生産・販売の統括拠点となりうる。パナソニックのように、自社単独で、これらの体制を構築する方法もあるが、すでにアフリカへ展開しているインド企業と提携して、インド・アフリカ市場へ協力して展開する方法も、有効である。日本企業による「インドと組んだ」アフリカ展開のさらなる加速を期待したい。

# 4 現地企業に対するM&Aを通じた複数国同時進出

　迅速なアフリカ市場への参入手段として次にあげるのは、現地企業に対するM&Aの活用である。この手法の優れている点は、日本企業がアフリカに進出する際に課題となる、販路や生産拠点がすばやく確保できる点にある。アフリカにおいて一から物流網や販売網を構築すること、また生産拠点を立ち上げることは、先に指摘した「アフリカ・コスト」により極めて困難である。しかし、すでに物流網等を持つ企業を買収することで、こうした困難をある程度回避することが可能となる。

　M&Aの活用は、欧米企業がアフリカ進出にあたって特に採用している手段である。トムソン・ロイター社の提供するデータをもとに、アフリカの企業を対象としたM&A件数を2000年から2012年9月まで累計すると、イギリス企業によるM&A件数が600件弱、アメリカ企業が300件程度とM&Aの件数が圧倒的に多いことがわかる。一方で、日本企業によるM&Aの活用は50社にも届かずかなり限定的である。

　M&Aは「アフリカ・コスト」を回避して迅速にアフリカ進出を果たす有効な手段であるため、日本企業による取り組みが増えていくことが望ましい。また、M&Aの対象業種も、商社による資源系の会社の買収に留まることなく、幅広い業種で行われるべきである。こうすることで、消費財を含む幅広い産業でビジネス機会の拡大が続くアフリカでの取りこぼしを防ぐことが求められる。

　M&Aの活用は、アフリカ市場を面的に攻略する点でも優れている。日本企業は南アフリカへの進出に偏りがちであるが、これでは急速に発展する西部や東部といったその他のサブサハラアフリカ地域でのビジネス機会を失うこととなる。そこで、サブサハラに広く展開する企業を対象としたM&Aを実施することで、複数国に同時に進出するといった面的な展開が可能となる。

　さて、アフリカでのM&Aを行う際には、対象・目的に合わせて4種類の

図表3-10　アフリカ市場における4種類のM&A

| M&Aの種類 | M&A対象 | 概要 |
|---|---|---|
| ①アフリカ付随型M&A | アフリカ域外企業 | 他地域での事業の獲得を主目的として行ったM&Aに結果としてアフリカ事業が含まれている |
| ②他地域経由アフリカ参入型M&A | | 最初からアフリカ事業の獲得を主目的として行うM&A |
| ③面的展開型M&A | アフリカ域内企業 | アフリカ複数国での展開のためにM&Aを実施 |
| ④単一市場型M&A | | アフリカ単一市場での展開のためにM&Aを実施 |

M＆Aが選択肢として存在する。具体的には、アフリカ域外企業をM＆A対象とする①アフリカ付随型M＆A、②他地域経由アフリカ参入型M＆Aと、アフリカ域内企業をM＆A対象とする③面的展開型M＆A、④単一市場型M＆Aの4つである。これらの中から自社の事業に適した選択肢を得ることが必要となってくる。

①アフリカ付随型M＆A

　アフリカ付随型M＆Aは、他地域での事業の獲得を主目的として行ったM＆Aに結果としてアフリカ事業が含まれているというM＆Aである。このメリットとしては、「主目的が他地域での事業の獲得であり、他地域を中心とした投資リターンが重視されるため、アフリカビジネスという観点からは投資リスクが小さい」、「企業評価が行いやすい」という2点があげられる。成長期にあるアフリカにおいて短期的な投資リターンを求めることは事業によっては難しい場合がある。また、アフリカでは財務諸表を十分に整えられていない企業や、情報の信用性が高くない企業も多く、M＆Aを行う際に企業評価を行うのが難しい。アフリカ付随型M＆Aは、こうした課題に対応する有効な選択肢だと考えられる。

　他方、デメリットとしては、「アフリカの展開国・産業を戦略的に選択できず、既存進出国・産業からの撤退が難しい場合は、非効率な事業展開になる」可能性があげられる。

　アフリカ付随型M＆Aを推進している企業例としては、三井物産があげら

れる。三井物産は、2011年にアフリカでの事業経験を有するシンガポールの大手港湾会社ポーテク社を買収している。三井物産は、ポーテク社が有する貨物事業のノウハウを活用し、アジア・大洋州・アフリカなどでのバルクターミナルの案件開拓・運営事業発掘を推進している。

例えば、2013年には、三井物産は、ポーテク社を通じラトビアの多目的港湾ターミナルの運営に参画する等、港湾事業を拡大している。ポーテク社は、欧州・東南アジア・北米・中南米等全世界において40以上の港湾で事業を展開しているが、アフリカでは、タンザニア、ルワンダ、ガボン等の7港で事業展開を行っている。そのため、三井物産は、アフリカでの港湾事業における複数国での事業を、アフリカ付随型Ｍ＆Ａを通じて投資リスクを抑えながら展開することができたといえる。

アフリカでは、アフリカ地域全体の成長に伴い、各国が都市開発やインフラに対する積極的な投資を行っている。そうした中で、関連する事業を任せる企業を選定する際には、海外の主要都市はもちろんのこと、アフリカ域内での類似実績を高く評価する場合が多い。こうした観点から、三井物産の港湾事業におけるアフリカ付随型Ｍ＆Ａは、今後のアフリカ地域での港湾事業の横展開に大きく貢献すると考えられる。

②他地域経由アフリカ参入型Ｍ＆Ａ

他地域経由アフリカ参入型Ｍ＆Ａは、最初からアフリカ事業の獲得を主目的として行うＭ＆Ａである。このメリットとしては、「アフリカ事業に関する展開国・産業に関する戦略的な集中と選択による事業効率化が可能である」、「企業評価が行いやすい」という2点があげられる。他方で、デメリットとしては、「アフリカ市場単独での確実なリターンが求められるため、投資リスクが大きい」ことがあげられる。

他地域経由アフリカ参入型Ｍ＆Ａを推進している企業例としては、インドの大手通信企業であるエアテルがあげられる。エアテルは、アフリカ進出を行うに当たって、クウェートの通信企業でありアフリカ複数国での通信事業を推進していたザインからアフリカ事業を買収し、短期間での複数カ国展開を成功させている。ザインから買収したアフリカ事業の展開国は、ガーナ、

ケニア、ナイジェリアをはじめとした15カ国にも達する。

　一般的に、携帯電話事業は、ライセンスの取得等、新規参入障壁が高い。そのため、エアテルによる他地域経由アフリカ参入型M＆Aを通じたアフリカ市場参入は非常に有効に働いたと考えられる。アフリカ付随型M＆Aとは異なり、他地域経由アフリカ参入型M＆Aにおいては、複数地域で事業展開するアフリカ域外の企業からアフリカ事業のみを買収するという事業買収が多い。実際に、日本企業でも、インド企業等からアフリカ事業の買収を行う企業が現れ始めている。

### ③面的展開型M＆A

　面的展開型M＆Aは、アフリカ複数国での同時展開を実現することを目的とした複数国展開を行うアフリカ域内の企業に対するM＆Aである。このメリットとしては、「アフリカ複数国に対する事業展開が効率的に行える」ことがある。他方で、デメリットとしては、「アフリカ企業の場合、企業評価がしにくく、投資リスクが大きい」、「アフリカの展開国・産業を戦略的に選択できず、既存進出国・産業からの撤退が難しい場合は、非効率な事業展開になる可能性がある」の2点があげられる。

　面的展開型M＆Aを推進している企業例としては、米大手小売企業のウォルマートがある。ウォルマートは、マスマートの買収により、アフリカ市場への参入を実現している。マスマートは、南アフリカを中心に事業を推進する小売り企業であり、南アフリカ以外でもガーナ、ナイジェリア、タンザニア等のアフリカ10カ国以上で店舗展開している。マスマートグループが有するマスディスカウンターが運営する量販店「ゲーム」は、アフリカにおける家電の有力量販店としてメーカーに対する購買力が高く、各国におけるショッピングモール等の有力店舗となっている。

　ウォルマート以外にも、販売代理店を始め、物流網や販売網を獲得するために面的展開型M＆Aを行う企業は多くなってきており、アフリカ市場における面的事業展開の重要性が多くの企業に認識されてきたことがそこから読み取れる。アフリカでは優良な事業者の数は限られているものの、先述したとおりアフリカでの企業評価は難しいために、これまでに優良な事業者すべ

てが海外企業の買収検討対象になってきたわけではない。

　アフリカ付随型Ｍ＆Ａや他地域経由アフリカ参入型Ｍ＆Ａのようなアフリカ域外企業に対するＭ＆Ａより遥かに難易度は高く、情報が少ない中で意思決定をしなくてはいけないというグレー領域での判断を必要とされる。しかし、最近は、こうしたグレー領域に対しても海外企業が積極的に足を踏み入れ始めている状況である。そのため、ここ数年で面的展開型Ｍ＆Ａはさらに企業からの注目を集め、優良な事業者から海外企業の参加に加わり、独立した優良な事業者の数が減っていくことが予想される。

④単一市場型Ｍ＆Ａ

　単一市場型Ｍ＆Ａは、アフリカ単一国市場での展開・事業拡大を目的としたＭ＆Ａである。このメリットとしては、「アフリカ事業に関する展開国・産業に関する戦略的な集中と選択による事業効率化が可能である」、「南アフリカや北アフリカのように成熟している市場において、極めて細やかな戦略策定が可能である」の２点があげられる。他方で、デメリットとしては、「国内市場だけで十分な収益をあげている企業を探すことが難しい 」、「アフリカ企業の場合、企業評価がしにくく、投資リスクが大きい」ことがある。

　単一市場型Ｍ＆Ａを推進している企業としては、関西ペイントがあげられる。関西ペイントは、南部アフリカを中心に、各国の大手塗装企業を買収することで、アフリカ域内の事業規模を拡大している。関西ペイントは、南アフリカのフリーワールド・コーティングス、ジンバブエのアストラ・インダストリーズを買収している。アフリカ市場に限った話ではないが、特定の市場において一度Ｍ＆Ａを行うと、有望案件に関する声が外部からかかりやすくなる。

　ということから、今後も関西ペイントはＭ＆Ａをアフリカ事業拡大上の有望戦略として取っていくと考えられる。ただし、単一市場型Ｍ＆Ａは企業評価が難しく、一般的にはＭ＆Ａは新興国市場での豊富な経験を必要とする。関西ペイントのＭ＆Ａにおいても、関西ペイントがインド等の新興国市場で得た経験を元に特定の領域に絞った上で、国内の代表企業をＭ＆Ａ対象に選定している。通常、Ｍ＆Ａというと、単一市場型Ｍ＆Ａを思い浮かべる方も

多いと思うが、アフリカにおいては非常に難易度が高い選択肢だと認識しておいたほうがよい。

## コラム③ アフリカの気候 〜冬のコートが必要なこともある

　日本で話をしていると、「やはり向こうはとても暑いのですか？」とよく質問される。多くの日本人は、アフリカは全体的に暑いというイメージを持っているようだ。しかし、そうした先入観を持って旅支度をし、夏向けの服装しか持っていかないと現地に行って困ることが多いだろう。アフリカでも国や都市によっては日本よりも涼しい、もしくは寒いことがあり、冬向けのコートが必要になることも当然あるからだ。

　例えば、気候が涼しい都市の代表例としてエチオピアのアディスアベバがあげられる。アディスアベバは高山地域にあり、一年を通して活動しやすい気温が続く。気温だけでみれば日本の春や秋の季節が続くようなものである。他方でコートジボワールのアビジャンは一年を通して高い気温が続く。これはまさに先述した日本人が持つ暑いアフリカそのものである。日本のように季節によって気温差が大きい地域もある。南アフリカのヨハネスブルクは東京とは逆で12月から2月が最も暑く、6〜8

(単位：℃)

|  | 日本（東京） | エチオピア（アディスアベバ） | 南アフリカ（ヨハネスブルク） | コートジボワール（アビジャン） |
| --- | --- | --- | --- | --- |
| 1月 | 5.2 | 15.7 | 19.8 | 26.9 |
| 2月 | 5.7 | 17 | 19.5 | 27.9 |
| 3月 | 8.7 | 17.9 | 18.2 | 28.3 |
| 4月 | 13.9 | 18.2 | 15.9 | 28.3 |
| 5月 | 18.2 | 18.3 | 13 | 27.8 |
| 6月 | 21.4 | 16.9 | 10.2 | 26.5 |
| 7月 | 25 | 16.2 | 10.2 | 25 |
| 8月 | 26.4 | 16.1 | 12.7 | 24.3 |
| 9月 | 22.8 | 16.3 | 16 | 24.9 |
| 10月 | 17.5 | 16.1 | 17.3 | 26.6 |
| 11月 | 12.1 | 15.2 | 18.4 | 27.9 |
| 12月 | 7.6 | 14.9 | 19.2 | 27.4 |

(出所) 気象庁「平年値データ」(2015)

月がもっとも寒い。6〜8月では日本の冬と同様にコートが必須の時期になる。アフリカの6〜8月は、さぞかし暑いだろうと思って夏向けの服装のみを持って7月の南アフリカを訪問すると自分の先入観に対して大きな反省を促されることになるだろう。

　こうした気温の違いは、出張時の持ち物に大きく影響を与えてくる。特に、アフリカ出張の前後に、ヨーロッパやシンガポール・中東に立ち寄る場合には、時期によってはどのような気候にも対応できるようにしなくてはいけなくなるため、服装だけでもかなりな大荷物になってしまうことがある。アフリカ出張が度々ある立場にいるのであれば、着回しができ、コンパクトに収納できる防寒具を見つけておくと役立つだろう。

# 第4章
# 先進企業事例に学ぶ アフリカビジネス

第4章では、アフリカビジネスの先進企業事例として、12社の事例を紹介する。欧米企業、新興国企業、日本企業（大企業、中堅・中小企業）といった企業特性、エネルギー、医療、農機関連製品、家電、自動車関連製品、食品・飲料関連製品といった業種、それぞれの多様性によりアフリカ市場のポテンシャルを感じ取ってもらえるように先進企業事例を厳選した。

　これら先進企業事例から、自社のアフリカ事業における発展のシナリオを作成するためのヒントを得てもらえれば幸いである。

# アフリカのインフラを支える：
# GE（重電）

### 1 電力・運輸・水・ヘルスケア分野を積極推進

　GEのアフリカでの事業展開は100年以上前に始まり、すでに年間30億ドルを超える売上を出しており、数年でその売上を倍増する予定である。特に電力・運輸・水・ヘルスケアといった分野での事業展開が積極的に推進されている。その取り組みは、大型のメガインフラに留まらず、アフリカ農村地域のような遠隔地でも活用できるオンサイト型のインフラや機器の提供まで及んでいる。

　例えば、ガーナにおいては、新たな1000MWの発電所を建設するとともに、保健省とともにリバースイノベーションの事例として一躍有名になったVscan pocket ultrasoundの普及に努めている。GEの顧客は、現地政府・現地企業が中心となっているものの、決して富裕層だけを消費者としてみた事業展開を行っていない。アフリカ市場全体の成長を加速させることを目指して、アフリカの人口の大多数を占める中間層以下の人々が利用可能なインフラ作りや機器の提供、彼らを直接顧客とする現地企業の支援に力を注ぐことで、中長期的な事業成長機会の創造を行っている。

### 2 現地政府とのパートナーシップに注力

　GEを始めとする重電メーカーが事業展開手法として注力しているのが、現地政府とのパートナーシップである。GEは、アフリカの特に経済成長著しい国において、アメリカ政府や現地金融機関とともに、現地政府機関とのプロジェクト組成、投資、市場創造に関するMOU（覚書）を締結している。

　アフリカにおいては、まだ未成熟な現地企業が多い。特に、国の発展に大きな影響を与える発電・運輸・水道関連の市場といった、まさにGEの主戦場におけるメインプレーヤーは国有企業、もしくは民営化した国有企業の場合がほとんどである。そのため、それらの市場を管轄する、もしくは国全体の

図表4-1 GEによるアフリカ各国政府とのMOU

| | 現地政府以外のパートナー | MOUの対象となっている領域例 |
|---|---|---|
| エチオピア | USADF、USAID | ヘルスケア、エネルギーマネジメント、輸送、航空、オフグリッドエネルギー |
| ナイジェリア | USAID、USADF | ヘルスケア、オフグリッドエネルギー、製造業、航空、輸送、エネルギー、空港 |
| ケニア | USAID、USADF、Kenya Commercial Bank | ヘルスケア、エネルギー、航空、輸送、人材育成、オフグリッドエネルギー |
| ガーナ | USADF、USAID | オフグリッドエネルギー、エネルギー |
| リベリア | USADF、USAID | オフグリッドエネルギー |
| タンザニア | USADF、USAID | オフグリッドエネルギー |
| アンゴラ | ― | 鉄道、航空 |

(出所) USAIDプレスリリース等をもとにNRI作成

成長計画を立案する役割を担う現地政府機関が投資の意思決定を左右することが多い。GEはこうした状況をよく把握しており、各国政府機関とのMOUを締結することで、自社の事業機会の増加に努めている。

政府機関の運営能力が未発達である国が多いアフリカにおいては、こうした取り組みは必須である。例えば、GEの競合であるシーメンスも自社の環境技術を売り込むために、各国政府のインフラの状況を比較し競争を促している。アフリカのような成長市場においては、インフラ等の案件に関して現地政府から必要な情報がすべて公開されるわけではない。GEはそうした状況下において、自社ができる限り有利になるために各国政府とのMOUを結ぶという営業活動に注力していると考えられる。

## 3 成功要因は金融ツールの普及による市場創造

GEのアフリカ事業における成功要因として、「金融ツールの普及による市場創造」があげられる。アフリカ市場では、金融市場が成熟しておらず、資金調達が難しい。そのため、大規模なインフラ投資や中小企業の設備投資が進まないことが多い。市場の急速な成長により、投資をすれば収益を拡大できる機会が豊富にあるにもかかわらず、資金調達ができず事業機会を逸して

### 図表4-2　GEのアフリカ事業展開国

(出所) GEウェブサイトをもとにNRI作成

しまっている企業が多く存在するのである。

　GEは、先述したように現地政府と連携し、こうした市場が抱える問題点を解決し、自ら資金を提供することで市場の資金循環を促し、事業機会を創造している。例えば、ケニアにおいては、ヘルスケア市場を改善するためにUSAIDとKenya Commercial Bankとともに、1000万ドルのファンドを設立し、中小企業による医療施設設立や医療機器関連の設備投資に対する投融資を行うサービスを提供している。GEが資金提供をし、USAIDがファンドの元本に関する政府保証をつけることで、現地の金融機関を通じた金融サービスを提供し、結果としてGEの医療機器等を販売できるようにしているのである。

　こうした市場のボトルネックの解消も含めたソリューション提供が、市場環境が整っていないアフリカでの事業機会拡大には有効だと考えられる。

┌─**【企業概要】**─────────────────────────
│
│ ・本社：米国コネチカット州
│ ・企業規模：売上1,460億ドル（2013）、従業員数約307,000人
│ ・事業内容：インフラストラクチャー、金融、メディアという3つの事業分野を柱に発電所、運輸、ヘルスケア関連の事業等を推進している。特に、環境分野を対象にした「エコマジネーション」と医療分野を対象とした「ヘルシーマジネーション」といった2つのイニシアチブに経営資源を集中させ、世界の課題解決に貢献している。
│
│ ・アフリカ事業展開国：アルジェリア、エジプト、チュニジア、アンゴラ、ベナン、ボツワナ、ブルキナファソ、ブルンジ、カメルーン、中央アフリカ、チャド、コートジボワール、ジブチ、赤道ギニア、エチオピア、ガボン、ガンビア、ガーナ、ギニア、レソト、リベリア、マダガスカル、マラウイ、マリ、モーリシャス、モザンビーク、ナミビア、ナイジェリア、ルワンダ、セネガル、セーシェル、シエラレオネ、ソマリア、南アフリカ、スワジランド、タンザニア、トーゴ、ウガンダ、ザンビア、ジンバブエ
│
└─────────────────────────────────

## 事例 2　アフリカのエネルギーを管理する：シュナイダーエレクトリック（重電）

### 1　フランス語圏からアフリカ全域をカバー

　フランス電機大手のシュナイダーエレクトリックは、ソケットやスイッチ類から変圧器、前払い電力メーターの製造・販売、EMS（エネルギーマネジメントシステム）まで幅広いビジネスを展開している。シュナイダーエレクトリックのアフリカ事業の特徴としては、西アフリカ・南アフリカを中心にアフリカ地域全土に事業展開しているということがあげられる。現地拠点は20カ国に設置されており、これまではフランス語圏を中心に設置されていた。しかし、東アフリカ市場の急成長に対応するため、EAC各国の拠点を整備し、現在では東西南北中央とアフリカ全域をカバーする事業推進体制を確立している。

　シュナイダーエレクトリックは、アフリカの急成長による都市部の電力需要の高まり、農村部の電化促進の双方共に力を入れ事業を展開している。特に、電力の使用量を把握するためのスマートメーターや送電線の不具合を発見するためのセンサー等、電力関連の見える化を推進する機器を積極的に普及させることにより、各国市場におけるEMSの必要性を具体的なデータを用いて示し、顧客に対する提供価値を高めるといった取り組みを進めている。例えば、スーダンにおいては、子会社が有する政府とのコネクションを活用し、スマートメーターの普及に注力しており、政府案件の組成を通じて、消費者市場が未発達な国における事業展開を可能にしている。

### 2　現地企業のM&A、販売代理店の拠点化を推進

　シュナイダーエレクトリックは、現地企業のM&Aや販売代理店の拠点化を行い、自社に不足しているリソースを補いながら、アフリカ事業の拡大を推進している。例えば、先述したスマートメーター関連事業においては、南アフリカのコンログを買収し、スマートメーター関連事業の経験やネットワークを

取り込んでいる。また、東アフリカの事業規模を確立するにあたっては、東アフリカに広く事業展開を行うケニアのパワーテクニクスに出資をしている。

　パワーテクニクスは東アフリカの工場をはじめとする事業者向けのビジネスに強みを持っており、日本の大手電機メーカーも現地パートナーとして有望視するほど技術力・ネットワークを有している現地企業である。そうした企業に他国企業の先手を打って出資をし、事業基盤の拡大を実現したところは、アフリカ事業に長けた企業の証とみることができる。

　また、シュナイダーエレクトリックは、アフリカ地域における自社の存在感を高めるためのエントリー戦略として、ソーラーランタン・ソーラーホームシステムを始めとするオフグリッドソリューションにも力を入れている。オフグリッドソリューションのような事業は、国際機関等の支援を受けることや、他業種の企業との連携による取り組みを行いやすい。自社単独では構築できないアフリカの広い国土に対応した販売網・メンテナンス網を整備していくために、こうした取り組みを積極的に推進している。

　例えば、アフリカでは、大手グローバルエネルギー企業のトタルと連携している。トタルはアフリカでは主要なガソリンスタンドチェーンを展開している。基本的なインフラが欠如しているアフリカにおいては、ガソリンスタンドは事業者にとって重要なビジネス拠点になっている。小売店が併設されているのはもちろんのこと、ガソリンスタンドにはインフォーマルセクターに属する整備工等もその周辺に集まっており、自動車メーカーの正規ディーラーよりもガソリンスタンドで修理を受ける人々のほうが多い。自動車だけではなく、自動車のバッテリーや関連する発動機といった分野においても同様の重要拠点となっている。従って、そのネットワークをすでに構築しているトタルと連携していることは、シュナイダーエレクトリックの将来の事業拡大可能性を支える一要素になると考えられる。

### 3　成功要因は「エネルギー関連市場の創造」と「イノベーションへの積極投資」

　シュナイダーエレクトリックのアフリカ事業における成功要因として、「エネルギー関連市場の創造に向けた取り組み」、「イノベーションへの積極投資」

の2つがあげられる。

　前者においては、シュナイダーエレクトリックがアフリカにおけるエネルギー関連市場の創造・拡大に向けて、エネルギー関連製品市場における純正品の需要拡大に力を注いでいることがあげられる。例えば、2015年3月には"Survey on Electrical Counterfeiting in Africa"というエネルギー関連製品に関する偽造品の実態把握に関するレポートを発表している。

　本レポートは、カメルーン、コンゴ共和国、DRC、ガーナ、ギニア、コートジボワール、ケニア、ナイジェリア、セネガル、タンザニア、ウガンダの11カ国を対象に、偽造品の多い製品・ブランド・製品特性・利用することによって生じる被害・輸出入等の項目に関して国別の比較調査を行っている。そして、結果として、偽造品がアフリカの多くの国において市場の4～8割を占めていること、それが各国の経済成長の阻害要因となっていること、法的側面・主要ステークホルダーの連携によって、こうした課題を解決していく必要があることを提示している。

　このように、シュナイダーエレクトリックは、アフリカでは模造品が普及しているため事業展開が難しいと嘆くのではなく、積極的に市場の正常化を図るためにリーダーシップを発揮することで、純正品市場の拡大を促すとともに、その将来市場における主導権を取ろうとしているのである。

　日本企業においても、こうした調査を行うことはあるだろうが、その結果を広く公開し、協力を求めていくといった手法はあまり目にしない。アフリカ市場において、アフリカ各国の主要ステークホルダーを巻き込みながら、自社が利益の取りやすい環境形成を促し続けている点が彼らの持続的な成長を支えているのだと考えられる。

　「イノベーションへの積極投資」においては、シュナイダーエレクトリックは、2015年3月にEnergy Access Ventures Fund（EAV）を設立している。これは、英CDC、欧州投資銀行、仏PROPARCO、仏AFD等と連携して設立されたファンドであり、2020年までに100万人の電化を達成するために5450万ユーロをアフリカの中小企業20社程度に投資することを目的としている。対象国は、ブルンジ、エチオピア、ケニア、マラウイ、モザンビーク、ルワンダ、タンザニア、ウガンダ、ザンビア、ジンバブエとEAC・東アフリカ諸国を中

**図表4-3　シュナイダーエレクトリックのアフリカ事業展開国**

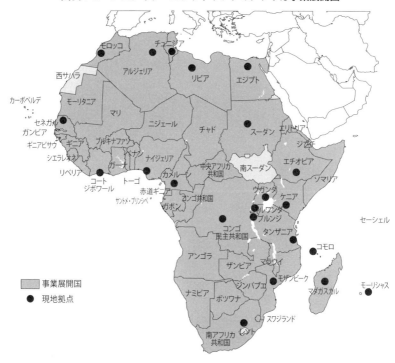

(出所) シュナイダーエレクトリックウェブサイトをもとにNRI作成

心に設定されている。

　シュナイダーエレクトリックは、もともと2009年7月にSchneider Electric Energy Access fund (SEEA) を設立して、フランス国内とアジア・アフリカにおいてBoP市場で活躍するエネルギー関連の起業家に対して投融資を通じた支援を行ってきた。自らが大企業で、社内でイノベーションが起こりにくい体質になっていることとともに、市場においてはイノベーティブなアイデアを持った起業家が創出し、彼らの事業が拡大し続けていることを理解している。そのため、現地起業家への投資を通して経営に積極的に関わることで、現地起業家が推進しようとしている事業が成り立つのか、成長性は高いのか、事業を成長させる際の成功要因は何か、といった生の情報を把握し、アジ

ア・アフリカにおいて、今後自社が注力していくべき事業の抽出を行ってきたのである。

SEEAは、350万ユーロを原資とし、フランス国内で5社、アジア・アフリカで5社に対する支援を行ってきた。シュナイダーエレクトリックは、EAVを設立したことからも、SEEAは十分にその目的を達成したと考えることができる。そして、今回設立されたEAVは、SEEAといった自社中心の取り組みに欧州各国の政府機関を巻き込むことで、規模と市場への影響力の拡大を実現したファンドであり、シュナイダーエレクトリックにとっては、アフリカで注力すべき事業の見極めと、アフリカにおけるエネルギー関連の市場創造を通じた有力パートナーの発掘を両立させる取り組みだと捉えることができる。

このように、シュナイダーエレクトリックは、短期的な取り組みだけではなく、中期的な取り組みを行うことにより、急拡大と変貌をし続けるアフリカ市場における持続的な成長を実現しているのである。

【企業概要】
- 本社：フランスリュエイユ＝マルメゾン
- 企業規模：売上240億ユーロ（2013）、従業員数約150,000人
- 事業内容：世界を代表するエネルギーマネジメント企業であり、公共事業、インフラ、産業機械製造、ビルマネジメント、データセンター等の様々な市場におけるエネルギー関連の製品・ソリューションを提供している。
- アフリカ事業展開国：南スーダン、西サハラ以外すべての国

事例3

# アフリカの農業に機械化を促す：AGCO（農機）

## 1 ディーラーを通じて農機を販売

　米国農機大手のAGCOは、ディーラーを通じて農機の販売を行っている。多くの国では個別ディーラーを通じた販売を行っているが、西アフリカ・中央アフリカ等の一部地域においては、一つの代理店に複数国展開を任せている。例えば、トーゴ、ガボン、コンゴ民主共和国、コートジボワール、中央アフリカ、カメルーンにおいては、CFAOが販売を担っている。アフリカではMassey Fergusonを主ブランドとして展開しており、一部の国でValtraやChallengerといった他のブランドも展開している。

## 2 現地政府や他の農業関連企業と連携

　AGCOは、近年アフリカ市場への展開に積極投資を行っており、2014年までに1億ドルを投資すると宣言している。こうした積極投資が実を結んできており、2011年に約1400台だった販売実績は、2014年には6500台に達し、2015年には8500台の販売を想定している。2014年の世界での販売実績は10万台とされているため、AGCOにとっては近い将来アフリカ市場での売上が全世界の売上の1割を超えることも視野に入っていると考えられる。

　AGCOは、自社の成長を加速させるために現地政府や他の農業関連企業との連携を積極的に行っている。例えば、2012年6月にはザンビアに現地政府と連携してGlobal Learning CenterとModel Farm ProjectであるFuture Farmを設置している。Future Farmは、約40人のローカルスタッフによって、広大なデモンストレーション用の耕作地（150ha/371エーカー）で、最新機器を用いたトレーニングをディーラーと農家を対象に実施するプロジェクトである。

　具体的には、中小農家向けには、基本的な農学から一貫的な機械化まで幅広い研修を提供している。また、大規模農家向けには高性能トラクターや収穫機を用いた研修を提供している。このように、中小農家、大規模農家の双

方に対して技術提供をベースに販売促進を行うことで、アフリカで急成長する農業市場において、自社の機械に適した農法の普及と機械化による市場の創造を行っている。また、2015年にはドイツの化学メーカーバイエルとFuture Farmを加速するためのMOUを締結している。農業機械だけではなく、農業資材についても注力することによって、取り組みを発展させることが狙いだと考えられる。

## 3 成功要因は積極的な関連ネットワークの拡大

　AGCOがアフリカにおける農業機械市場の創造と売上の拡大を実現している成功要因として、「積極的な関連ネットワークの拡大」があげられる。アフリカにおいて、農業市場は非常に重要な領域であり、各国政府のみならず、様々な企業が注目している。AGCOは、アフリカ市場における農業に関するイニシアチブに積極的に参画するとともに、自社独自でアフリカの各国政府の要人を巻き込んだイベントを開催し、事業展開や具体的なパートナーシッププログラムの組成がしやすい環境を整えている。

　例えば、2012年5月のG8キャンプデービッド・サミットにおいて、"New Alliance for Food Security and Nutrition"というイニシアチブに対して、各国のコミットメントがなされ、その後様々な民間企業の参画が表明された。"New Alliance for Food Security and Nutrition"は、アフリカにおいて、各先進国政府機関・現地政府・国際開発関連機関・民間企業が連携をし、アフリカにおける農業投資を強化することを通じて2022年までに5000万人の人々を貧困から救いだし、アフリカの成長を加速させることを目的としたイニシアチブである。

　合計で2015年までに先進諸国から約40億ドルの投資が約束されており、2012年までにはブルキナファソ、コートジボワール、エチオピア、ガーナ、モザンビーク、タンザニアの6カ国が、2013年には新たにナイジェリア、ベナン、マラウイが重点国として選定され、官民連携プロジェクトが計画・推進されている。

　このイニシアチブに参画している企業のうち、グローバル企業だけをみても、通信企業であるボーダフォン、ICT企業のSAP、金融機関であるエコバン

図表4-4　New Alliance for Food Security and Nutritionにおける対象国と支援計画

| 対象国名 | コミットメント額[※1]<br>(百万ドル) | 参加グローバル企業名[※2] |
| --- | --- | --- |
| ブルキナファソ | 644 | Ecobank,AGCO,United Phosphorus,Yara International, African Cashew Initiative*, Competetive African Cotton Initiative |
| コートジボワール | 290 | Nestle,Barry Callebaut,Cargill,OLAM,Cemoi,Mars,Compagnie fruitiere,Danone,World Cocoa Foundation, Competetive African Cotton Initiative, African Cashew Initiative*,Rabobank,Groupe Louis,Groupe MIMRAN,Groupe CEVITAL,Groupe CIC,Groupe ETG,NOVEL Group,SUD INDUSTRIES |
| エチオピア | 1199 | AGCO,Diageo,Dupont,Netafim,Swiss Re,Syngenta, United Phosphorous, Yara International |
| ガーナ | 542 | African Cashew Initiative*,AGCO,Armajara Trading,Rabobank,SABMiller,Swiss Re,Unilever,United Phosphorous,World Cocoa Foundation,Yara International |
| モザンビーク | 384 | African Cashew Initiative*,AGCO,Cargill,Competetive African Cotton Initiative,Corvus Investment International,Itochu,Jain Irrigation,Nippon Biodiesel Fuel,SABMiller,Sumitomo Corporation,Toyo Engineering Corporation,United Phosphorous,Vodafone |
| タンザニア | 894 | AGCO,Amarjaro Trading,Diageo,Monsanto,SABMiller,Swiss Re,Syngenta,Unilever,United Phosphorous,Vodafone,Yara International |

(注)　＊ Intersnack Group,Kraft Foods,Olam International,SAP,Trade and Development Groupが含まれている
　　※1　2012-2015におけるG8諸国からコミットメントされた支援金額(2012年までに重点国として選定された国々のみ)
　　※2　イニシアチブに参加しているグローバル企業の一覧

ク、スイス・リー、食品企業のダノン、ネスレ、クラフトフーズ、消費財企業のユニリーバ等、農業ビジネスにこれまで直接関与してこなかったような企業の名前があがっているのが特徴的である。

　AGCOは、この取り組みにおいて、ブルキナファソ、エチオピア、ガーナ、モザンビーク、タンザニア等の国における支援計画に参画しており、各国における関連ステークホルダーとのネットワークを積極的に構築していっている。アフリカの農村市場の機械化促進による市場創造のためには現地政府や援助機関との連携が必要不可欠である中で、市場の創造を待つのではなく、積極的に取り組みに参加し先行者利益を得ようとしていることが、AGCOの

**図表4-5　AGCOのアフリカ事業展開国**

(出所) AGCOウェブサイトをもとにNRI作成

売上拡大に貢献している重要な要素だと考えられる。

　また、AGCOは世界的な取り組みに参加をするだけではなく、自社単独で関連のイベントを毎年開催し、アフリカ現地政府や有識者との関係構築に注力している。AGCOは2011年度よりAGCO AFRICA SUMMITを開催しており、関連ステークホルダーの巻き込みを図っている。この取り組みはAGCOのアフリカ市場におけるパートナーとの関係を強固なものへと発展させており、2015年に開催されたAGCO AFRICA SUMMITにおいては、AGCO以外にザンビアにおけるMOUを締結したバイエル、ドイツの開発金融機関であるDEG（ドイツ投資開発会社）、オランダの農業組織向け金融機関の統括金融機関であるラボバンクが主催者に名を連ねている。農業機械、農業資材、農業金融のノウハウを持つプレーヤーが連携することにより、現地政府への影響力を

高めている。

　農業機械市場のように、現地に普及した農業手法によって、自社の農業機械を販売できる市場ができるかが決まる市場においては、こうしたネットワーク活動やアドボカシー活動は事業拡大を左右する重要な活動である。それゆえに、こうした活動を積極的に展開していることがAGCOのアフリカ事業の拡大を支えている成功要因だと考えることができる。

---

【企業概要】

- 本社：米国ジョージア州
- 企業規模：売上107億ドル（2013）、従業員数約22,111人
- 事業内容：世界を代表する農機メーカーであり、Fendt、Massey Ferguson等のブランドの農耕用トラクターを始めとした農機を世界中に提供している。

- アフリカ事業展開国：西サハラ、モーリタニア、シエラレオネ、リベリア、チャド、コンゴ共和国、赤道ギニア、ソマリア、エリトリア、レソト以外のすべての国

事例 4

# アフリカの人々の喉を潤す：
# サブミラー（飲料）

## 1　ビールを中心とした飲料を販売

　英国飲料大手のサブミラーは、東アフリカ、南部アフリカ一帯と、西アフリカではナイジェリア、ガーナにおいてビールを中心とした飲料の販売を行っている。サブミラーは1895年に本社をロンドン、工場をヨハネスブルクに設立した南アフリカ醸造社（SAB）を母体としており、2002年にアメリカ第2のビール会社ミラーを買収して誕生した企業である。現在では、コカ・コーラのボトラーとしてビール以外の飲料の販売にも注力している。

## 2　現地化を重視し「御当地ビール」に注力

　サブミラーは製品の現地化を重視しており、現地の消費者の嗜好に合った製品の提供に注力している。例えば、ナイジェリアではHero、タンザニアではKilimanjaroやBalimi、ガーナではClub lager、ウガンダではNile Specialと各事業展開国の文化に寄り添ったいわゆる御当地ビールの販売に力を注いでいる。サブミラーはM＆Aを繰り返すことにより、世界規模で事業展開地域を拡大するとともに、各国市場に根付いたビールブランドの展開を行い、市場に溶け込むことに成功している。

　また、近年においては、急増するビール需要に対応するために現地製造体制の強化のための投資を行うとともに、ビール事業への依存体質を改善するためにビール以外の飲料の販売に注力している。2014年末には、コカ・コーラの東アフリカ・南部アフリカにおけるボトラーであるコカ・コーラサブコとノンアルコール飲料事業を統合し、コカ・コーラビバレッジアフリカを合弁会社として設立することを発表している。これによって、サブミラーはノンアルコール事業の比率を高めるとともに、コカ・コーラサブコが有する巨大な流通網を活用することができるようになる。

### 3 成功要因は飲料のバリューチェーンの確立

　サブミラーのアフリカ事業の拡大を支える成功要因としては、「飲料のバリューチェーンの確立」があげられる。現在、アフリカ市場で事業展開する飲料メーカーが競って注力しているのが、現地での原材料の確保である。現地で新鮮な原材料を調達することで、低コストでかつ現地の気候や人々の嗜好に合った製品の販売を可能にしているのである。そのために、飲料メーカーが農業分野に進出するといった現象が起きている。

　サブミラーも農業分野に積極参入している企業の一つであり、農業関連企業とともに、原材料の生産拡大に取り組んでいる。例えば、サブミラーはオランダの農業・食品加工企業であるDADTCO（Dutch Agricultural Development and Trading Company）とアフリカの主要国での連携を行っている。DADTCOは、オランダの開発援助機関であるDGIS（Directorate-General for International Cooperation）や国際機関IFDC（International Fertilizer Development Center）と連携し、AMPU（Autonomous Mobile Processing Unit）という移動可能な小工場を活用した食品加工・取引事業「キャッサバプラス」を展開している企業である。

　これは、主にキャッサバの加工や加工したキャッサバを食品会社へ販売する事業であり、小規模農家から調達したキャッサバをAMPUにおいて洗浄・皮むき・細断・選別・脱水を行い高品質なキャッサバケーキとして一次加工し、その後工場で高品質なキャッサバ粉に二次加工し、食品会社へ提供している。DADTCOは、モザンビークではサブミラーの子会社であるCervejas de Mocambique、ガーナでは同じくサブミラーの子会社であるAccra Brewery Limitedと連携している。サブミラーはDADTCOとの取引を通じてモザンビークとガーナの両国でキャッサバを原材料としたビール「Impala」の販売を開始している。アフリカではキャッサバを原材料としてビールの需要が拡大しており、サブミラーはこの取り組みを通じて需要への対応を行っている。

　アフリカでは、インフラが整備されている地域は非常に限られている。そのため、農作物を収穫した後に食品加工事業者に対して運ぶ際に多くの農作物が損失してしまう。DADTCOのように、積極的に小規模の農家が住む場所

図表4-6　サブミラーのアフリカ事業展開国

(出所) サブミラーウェブサイトをもとにNRI作成

までアプローチをし、バリューチェーンを結び付ける企業と連携することで、サブミラーは安定的な製品の提供を可能としているのである。こうした取り組みは、合併が発表されたコカ・コーラサブコにおいてもミニッツメイドを代表とするフレッシュジュースの領域において積極的に取り組まれてきた活動である。合併によってアフリカ各国の調達・製造・販売の流れが強化され、サブミラーの事業成長が促されると考えられる。

【企業概要】
・本社：英国ロンドン
・企業規模：売上340億ドル (2014)、従業員数約70,000人
・事業内容：世界を代表する醸造会社であり、ピルスナー・ウルケル、

ペローニ、ミラー、グロールシュを始めとするビールや、コカ・コーラのボトラーとして同社の製品を販売している。

・アフリカ事業展開国：ガーナ、ナイジェリア、エチオピア、南スーダン、ウガンダ、ケニア、タンザニア、マラウイ、モザンビーク、ザンビア、ジンバブエ、ボツワナ、ナミビア、スワジランド、レソト、南アフリカ

事例 5

# アフリカの人々に快適さを提供する：LGエレクトロニクス（家電）

## 1 携帯電話、家電、エアコンなどを展開

アフリカでは、携帯電話、家電（TV、冷蔵庫、洗濯機など）、エアコン、業務用エアコン等を中心に展開しているため、主要顧客は、一般消費者と、ビル・ホテル・レストラン等の業務用空調が中心である。エジプト、アルジェリア、モロッコ、チュニジア、ケニア、南アフリカ、ナイジェリア、アンゴラに現地法人を持つ。

エジプト、南アフリカではTVの生産も行っている。製品は、この現地工場での生産に加え、トルコ、サウジアラビア、インドといった周辺国、ASEAN、韓国などの工場から輸出されている。

## 2 現地の大手流通事業者とも提携

アフリカの事業は、本社直轄下にあるUAEの拠点が統括しており、アフリカの各拠点を管理しているが、南アフリカは本社から直接管理しているようである。アフリカの各拠点は、その国の販売代理店、及び周辺国の販売代理店を介した販売、サプライチェーンを管理している。また、アフリカ27カ国に修理、クレームその他の問い合わせ先窓口を設置している。

さらに、アフリカ各国において、現地の大手流通事業者と提携して、この事業者が販売代理店となっている。販売代理店は、その国の小売店等への卸売りだけでなく、在庫の保有やアフターサービスも担っている。販売代理店の数は、1つの国当たり1〜3つであることが多い。

## 3 インドでの成功例をアフリカへ輸出

アフリカ各国への進出においては、販売代理店を上手く活用している。市場・事業の小さな国は、周辺国の販売代理店が担当している。販売代理店の拠点国にある保税倉庫に製品をストックし、その国と周辺国の需要の状況に

応じて、販売代理店が製品を各国へ振り分け供給する。販売代理店自身が、自ら小売店舗を経営しているケースもあるが、販売代理店は、現地の小売店へ商品を卸すルートも持っている。

業務用空調は、設置工事が必要になるため、販売代理店が自ら顧客へ営業、据付していることもある。また、販売代理店は、アフターサービスの機能も併せ持つ。販売代理店は、修理用のパーツ在庫を持ち、顧客先へ訪問しその場で修理するチームと、サービスセンターを抱えているため、顧客からの修理要請に対し、短い時間で対応することができる。

市場・事業が大きくなってくると、LGは自社の拠点を立ち上げ、徐々に、販売代理店の担っている機能を、自ら担うようにしていき、その国の国内の販売・アフターサービス・サプライチェーンを強化している。このように、販売代理店を、国の状況に応じて段階的に活用していることが成功要因の一つである。

また、アフリカ向けの一部の商品展開において、新興国を活用していることも特徴の一つである。インドには、2つの工場を持ち、インド国内への供給に加え、中東・アフリカへも輸出をしている。インド法人における売上のうち、年によって異なるが、10～15％程度が輸出である。アフリカへは、冷蔵庫、洗濯機、空調を輸出しているが、今後は他の製品も輸出していく予定である。

インドを活用するメリットとしては、主に、巨大なインド市場向けの生産拠点の規模の経済を発揮できること、アフリカへの距離が近いこと、一部製品においてインドとアフリカではニーズが近いこと、特に東アフリカにはインド系住民がおりビジネスをしやすいことがあげられる。

例えば、インドでは、停電が頻発するため、停電時に冷蔵庫の中のものを冷たく維持することが必要となる。LGは、インド向けに、断熱性を高めたEverCoolという冷蔵庫商品を、本社とインド拠点が共同で開発し成功している。7時間の停電が生じても、中のものは冷えた状態で保たれる、ということを売り文句にしている。また、インドは電圧が不安定で冷蔵庫が不具合を起こしやすいので、インバータを搭載したモデルもある。

アフリカの国々でも、停電が多く、また電圧が安定していない国も多いた

### 図表4-7　LGエレクトロニクスのアフリカ事業展開国

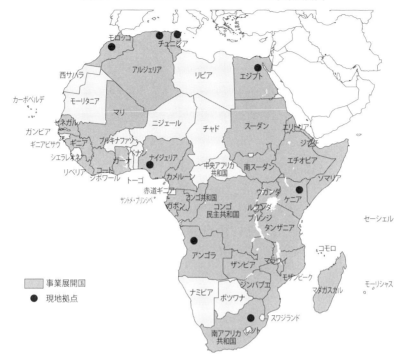

(出所) LGエレクトロニクスウェブサイトをもとにNRI作成

め、同様の問題が生じている。LGは、インドで成功したこれら冷蔵庫を、プラグの形状、梱包、ラベル、マニュアルなどの最低限のカスタマイズを加えたのみで、インドからアフリカへ輸出し成功している。

このように、LGは、新興国の商品開発、生産機能を活用し、アフリカのニーズに合ったコストを抑えた商品を展開している。アフリカの現地で必要となる、販売、物流、アフターサービスといった機能は、販売代理店に担ってもらいつつ、徐々に自社で手掛けるようにしている。このような、アフリカ向けの事業展開モデルを、新興国にある既存の機能をベースに早期に構築することが、アフリカでの成功のカギとなるだろう。その際、インドが重要な国の一つであることは言うまでもない。

┌─【企業概要】─────────────────────────────┐
・本社：韓国ソウル市
・企業規模：売上（連結）59兆韓国ウォン（2014）、従業員数（連結）83,000人
・事業内容：テレビ、携帯電話、白物家電といった自社ブランドの製造、販売に加え、液晶パネル、パソコン用光学ドライブの製造、他社への供給も手掛ける、世界的な総合家電・情報機器メーカー。

・アフリカ事業展開国：リビア、チャド、ニジェール、中央アフリカ共和国、西サハラ、モーリタニア、ガンビア、ギニアビサウ、シエラレオネ、ブルキナファソ、ベナン、トーゴ、赤道ギニア、ナミビア、ボツワナ、スワジランド、レソト以外のすべての国

## 事例 6　アフリカにおけるライフスタイルを変革する：海信電器（ハイセンス）（家電）

### 1　家電製品・業務用電気製品等を製造・販売

　中国大手電機メーカーの海信電器は、ハイセンス等のブランドの家電製品・業務用電気製品等をアフリカで製造・販売している。海信電器はGtoG戦略とし、質・サービス・価格（great quality、great service、great value）を重視した事業展開を行っている。顧客にとっての製品に対するコストパフォーマンスを高めるために、現地製造を通じ、品質の高い安価な製品を共有する体制を整備している。

　さらにアフリカ市場における一般的な製品保証期間の倍の期間である3～4年の製品保証をすることで、安かろう悪かろうといった中国製品に対するイメージの払拭に注力しながら事業展開を進めている。

### 2　南アなど経済成長している国から積極展開

　海信電器は、南アフリカ市場に対して1992年にカラーテレビの輸出を開始、1996年には現地法人を設立し、1997年には工場を設立した。その後、2001年には韓国の大財閥で1999年に破たんした大宇グループの南アフリカ工場を買収し、事業拡大を加速させた。その後、サービスセンターの設立・強化等により市場での競争力を高め、シェアの拡大を実現していった。

　海信電器のアフリカでの事業実態の全貌は他の中国企業と同様に把握しにくい。しかし、基本的な事業戦略としては、北アフリカにおいてはエジプト、アルジェリア、南部アフリカにおいては南アフリカといったアフリカの中でも経済成長が進んでおり、人口が多い国に対して、製造・販売・アフターサービスを揃えていくといった方針をとっている。こうした国々を軸に、南アフリカであれば、周辺のSADC加盟国に積極的に事業展開をしている。

　また、南アフリカの大手量販店であるGameやPick'n Payに積極的に製品を流すことで、大手量販店が進出するアフリカの国々での製品流通を拡大して

いくとともに、こうした大手量販店が進出していない国々では、国別に代理店と契約することで製品を流通させている。

### 3 成功要因は「中国政府との連携」と「既存工場の積極的な活用」

　海信電器は、中国企業の中でも積極的にアフリカでの現地生産や現地雇用を推進している企業であり、それが海信電器のアフリカ市場における競争力を高めているといえる。その成功要因としては、「中国政府との連携」・「既存工場の積極的な活用」があげられる。

　まず、中国政府との連携についてだが、詳細は後述するが、中国政府は2001年の第10次5カ年計画における走出去戦略に基づき、対外投資国別産業指導目録といった中国企業による海外市場への進出を推進する際の重点国・重点産業の設定を行っている。こうした国の方針に合致する中国企業の戦略については、中国政府が政府関連金融機関とともに支援を行うのである。

　海信電器の事業領域である電気製品領域においては、アフリカ地域において、エジプト、アルジェリア、ナイジェリア、南アフリカ、チュニジア、シエラレオネ、モロッコ、リビアの8カ国が重点国として設定されている。海信電器が現地に工場を設立している国は、エジプト、アルジェリア、南アフリカとまさにこの中国政府が設定した重点国と合致しており、実際に海信電器は現地に工場を設立する際に、政府の支援を得ている。

　例えば、海信電器は2013年に南アフリカに新工場を設立したが、これは中国アフリカ開発基金との共同プロジェクトであり、年間にTV40万台、冷蔵庫40万台を製造する拠点となっており、600人の雇用を生み出すとされている。

　次に、既存工場の積極的な活用についてだが、海信電器は現地での雇用を重視した生産体制の確立を重視しており、その際にゼロから人員を募集・教育するのではなく、既存工場を活用することで、工場の生産性向上に努めている。

　他方で、海信電器をはじめとする中国企業は中国の人件費の高騰により、中国国内での製造を続けても、自分たちの競争力である低価格製品の提供が維持できないことをよく理解している。そのために、容易ではないアフリカでの製造体制の確立を中国政府の支援を活用しながら実現しようとしている

**図表4-8　対外投資国別産業指導目録対象国と電化製品関連事業の重点国**

(出所) 中国商務部「対外投資国別産業指導目録」をもとにNRI作成

のである。

　しかし、先述したとおり、工場を円滑に運営するために必要な人材をアフリカで集めることは非常に難しい。アフリカはアジアと異なり、教育水準が低い一方で人件費が高い。そのため、アフリカで現地生産をしてもコストダウンは容易ではない。海信電器は他社がすでに育成した人材を活用することで、自社が費やすべきコストや時間を削減している。

　例えば、先述した2001年の大宇の南アフリカ工場の買収以外に、2013年の新工場設立時においては、操業を中止した南アフリカの現地TVメーカーの工場敷地を買収し、その工場で働いていた労働者を呼び戻し、その上で追加の技術教育を提供するといった手法をとっている。

　アフリカにおいては、中国政府や中国企業が中国人労働者を大勢送り、中

**図表 4-9　海信電器のアフリカ事業展開国**

(出所) 海信電器ウェブサイトをもとにNRI作成

国市場を創出しているといった話がいまだに語られる。他方で、中国企業もアフリカ市場においては中国企業同士で低価格競争を繰り返しており、その中で他の中国企業とは異なる戦略を打ち出し差別化をしない限り、市場での競争力を維持できない状況にすでに立たされている。

　そのような中で、中国での人件費高騰の影響もあり、中国企業が中国人労働者をアフリカ市場に連れてきて住居や食事等を提供することで生産体制を確立するといった手法は通用しなくなってきており、次の一手を模索する必要が出てきている。

　海信電器は中国企業の中でもそうした状況を打破するための取り組みを積極的に行っており、だからこそ南部アフリカを中心にアフリカ市場における存在感を高めることに成功しているのだと考えられる。

【企業概要】
- 本社：中国山東省
- 企業規模：売上285億人民元（2013）、従業員数約23,668人
- 事業内容：海信グループが有する電機メーカーであり、ハイセンス等のブランドの家電製品・業務用電気製品等を世界中に提供している。

- アフリカ事業展開国：エジプト、チュニジア、アルジェリア、モロッコ、セネガル、コートジボワール、エチオピア、ケニア、タンザニア、アンゴラ、南アフリカ、ナミビア、ザンビア、ボツワナ、ジンバブエ、レソト、マラウイ、モザンビーク、マダガスカル、セーシェル、ガーナ、リベリア、ナイジェリア、カメルーン※

※一部報道によると、サブサハラアフリカ30カ国で販売されているが、進出国が明らかとされていないため、プレスリリースやメディアへのインタビュー、取扱代理店により製品販売が確認できる国を抽出している

## 事例 7
# アフリカの人々に身近な交通手段を提供する：バジャジ・オート（二輪・三輪）

### 1 二輪バイクや三輪自動車を20カ国以上で販売

　アフリカでは、主力商品である二輪バイク、タクシーや輸送用途の三輪自動車（インドでの通称はオート・リキシャー）を20カ国以上で販売している。中でも、ナイジェリアへの供給が最も多く、次いで、エチオピア、ガーナ、ケニア、ウガンダ、タンザニア、ルワンダといった国への供給も多い。

　アフリカへの供給を開始したのは、10～15年前からである。アフリカ現地には拠点はなく、販売代理店を介してアフリカ市場へ供給している。販売代理店は、販売、物流、在庫の保有やアフターサービスに加え、CKD（コンプリート・ノックダウン）、すなわちバジャジ・オートから部品一式の供給を受け、現地で組み立てる機能も持つ。製品の供給は、インドを始めとした生産拠点から、アフリカ各国へ輸出している。なお、バジャジ・オートの営業マンやサービスマンは、頻繁にアフリカへ出張している。

　アフリカ展開においては、現地の流通事業者と提携し、販売代理店になってもらっている。販売代理店の中には、多数の国を担当しているものもあり、その代表格が、ドバイに本拠地を構えるドバイ・オート・ギャラリーである。同社のオーナーはインド人であり、バジャジ・オートの製品を、中東・アフリカへ展開している。先に述べた、ナイジェリアを始めとする売上の大きな国の多くは、同社が担当している国である。CKDによる現地組み立ても同社が担っている。

### 2 インド大手の強みを生かしサブサハラで成功

　バジャジ・オートは、インド大手の自動車メーカーであることの強みを最大限生かしてアフリカで成功している。

　まず、事業を展開している国は、主にサブサハラ・アフリカ（西部・東部・南部アフリカ）であり、その多くが、英国が旧宗主国の国である。これらの国

**図表4-10 バジャジ・オートのアフリカ事業展開国**

(出所) バジャジ・オートウェブサイトをもとにNRI作成

には、インド系の住民が多数住んでおり、流通を始めとしたビジネスを担っている。インド企業であることを生かし、これら販売代理店と関係を構築しやすいのは、同社の強みの一つである。特にその中でも、上記で述べたバジャジ・オート・ギャラリーとの関係を構築できたのは大きいだろう。

また、市場のニーズがインドと似通っていることも、バジャジ・オートがアフリカ展開しやすい要因の一つである。例えば、経済水準がまだ高くないアフリカ諸国では、二輪バイクや、三輪自動車が、タクシーとして走り回っている。一方インドでは、二輪のタクシーはほとんど見かけないが、三輪自動車（オート・リキシャー）は、一般的にタクシーとして利用されている。二輪は、配達用途や家族での移動のため、複数人が乗ることも多い。このような用途には、シートがフラットなモデルが人気である。

バジャジ・オートは、インド等で展開している二輪、三輪自動車を、あまりカスタマイズを加えることなくアフリカへ展開することができる。二輪の場合、すでにインドでは販売終了したボクサーという低価格なモデルをアフリカへ展開し成功している。シートがフラットであり、また、スピードメーター等がアナログなため、アフリカの現地の修理工でも修理をしやすい。

　バジャジ・オートは、これら強みを生かして、アフリカ現地では高いシェアを獲得している。結果、同社の二輪、三輪を扱う販売店が増え、中国製などのサードパーティーも含むアフターサービス用のパーツの入手しやすさも高まるという、好循環が形成されている。アフリカでは、二輪でも安価な中国製が多数出回っている。アフリカのハードな環境下でも壊れにくい品質、修理を受けやすい環境が、中国製が出回る中でも、タクシー運転手等に同社の二輪が人気を博している理由になっている。

　バジャジ・オートの事例は、アフリカ向け展開におけるインドの活用という点において、まさに典型的な成功モデルとして参考になる。

---

【企業概要】

・本社：インド
・企業規模：売上（連結）2,220億インドルピー（2014）、従業員数9,180人
・事業内容：二輪バイク、タクシーや輸送用途の三輪自動車の製造、販売を手掛けるインドの大手自動車メーカーである。インド国内はもとより、南アジア、中東、アフリカ、中南米などへも積極的に事業を展開している。バジャジ・グループは、インドの大手財閥（コングロマリット）の一つであり、二輪・三輪自動車に加え、家電、照明、製鉄、保険など幅広く事業を手掛けている。

・アフリカ事業展開国：アンゴラ、ベナン、ブルキナファソ、ブルンジ、カメルーン、コンゴ、エジプト、エチオピア、ガーナ、ギニア、コートジボワール、ケニア、リベリア、マダガスカル、マリ、モザンビーク、ナミビア、ナイジェリア、南アフリカ、シエラレオネ、スーダン、南スーダン、タンザニア、トーゴ、ウガンダ、ルワンダ

## 事例 8 アフリカの水関連インフラを支える：キルロスカ・ブラザーズ（ポンプ・バルブ）

### 1 ポンプ、バルブに加え、エンジンなども販売

　アフリカでは、主力商品であるポンプ、バルブなどに加え、拠点によっては、キルロスカ・グループの他の会社が製造しているエンジン、発電機、コンプレッサーなども販売している。主力商品の主な供給先のセクターは、上水、灌漑、下水処理である。なお、買収した英国のポンプメーカー SPP Pumpsは、より技術の求められる消防、石油・ガス、海水淡水化など向けのポンプ、バルブを欧州などで展開している。

　エジプト、ケニア、南アフリカに拠点を持ち、これら拠点が、周辺国への販売を統括している。南アでは、現地のポンプメーカーを買収することで、現地の製造・販売能力を手に入れている。これら拠点に加え、インドを始めとした海外の生産拠点から、アフリカ現地拠点または代理店へ輸出することで製品を展開している。

　アフリカ展開においては、現地の流通事業者と提携し、販売代理店になってもらっている。販売代理店は、当該国で販売に加えアフターサービスも担う。

### 2 成功要因はインドで培われた低コストでの供給力

　キルロスカ・ブラザーズは、インド市場向けの供給で培われた、低コストでの供給力を生かして、コスト感度の厳しいアフリカ市場へ展開している。インドと同様、水関連のインフラ整備が課題となっているが、政府公社などユーザーの資金力の低いアフリカでは、安価な機器が求められる。インドからアフリカへ輸出される製品は、梱包等を除けばカスタマイズされていないため、アフリカ展開にあたり追加的な商品開発コストが生じない。なお、アフリカへの商品供給には長いリードタイムがかかるため、製品を他国からアフリカへ持ち込み現地で不具合が発生した場合、インド国内と異なり素早い代替品の供給が難しい。このため、インド国内向けに比べると、検品を強化している。

また、特定の国に絞って、政府との関係構築をすることにも力を入れている。特に、エジプトでは、単に製品を供給・メンテナンスするだけでなく、現地のエンジニア育成のため、現地政府とMOUを締結している。この取り組みは、現地政府との関係構築だけでなく、自社製品に対する現地での修理機能を強化するという側面もあるため、結果的に、ユーザーが負担するライフサイクルコストの低減につながる。現地政府との関係強化やブランドイメージ向上の観点から、アフリカでのCSRにも力を入れている。

　重点国であるエジプト、ケニアに現地法人を設立したことも、現地でのプレゼンス向上に大きく貢献している。インド企業である同社が、品質の高い欧米日企業、非常に安価な中国企業とアフリカで戦うためには、安価な製品供給もさることながら、サービス面が重要となる。特に、社会インフラに使用される同社の製品にとって、故障時に修理できる体制、そのための代替品や修理パーツを現地に確保することは重要である。販売代理店任せにするのではなく、自社拠点を構えることで、サービス面を強化したことも、これらの市場で成功している理由の一つとなっている。

　同社は、アフリカにおいても、機器供給だけでなく、水関連インフラプロジェクトの設計段階から支援し、アフターサービスまで一貫して手掛ける、トータル・ソリューション・プロバイダーを志向している。また、自社拠点は、保税倉庫を確保しており、周辺国の需要の状況に応じて、新品・サービス部品を柔軟に供給できる体制も整えている。

　同社による、ボリュームゾーンであるミドルセグメント向けの展開、すなわち、インドでの商品開発と製造力の活用およびサービスを重視した展開は、アフリカ向け展開におけるインドの活用という点において、成功モデルとして参考になる。

【企業概要】
・本社：インド
・企業規模：売上（連結）275億インドルピー（2014）、従業員数2,340人
・事業内容：キルロスカ・ブラザーズは、ポンプ、バルブなどの製造、販売を手掛けるインドの大手メーカーであり、大手財閥キルロスカ・

**図表4-11 キルロスカ・ブラザーズのアフリカ事業展開国**

(出所) キルロスカ・ブラザーズウェブサイトをもとにNRI作成

グループの中核企業の一つ。なお、キルロスカ・グループは、トヨタ自動車のインドでのパートナーでもある。同社は、水処理に関連する設備・機器に強みを持ち、インド国内だけでなく、アフリカ、中東、欧米でも事業を展開している。14の製造拠点をもち、うち7つは海外である。M＆Aや提携に対しても積極的であり、荏原ポンプとの長年の提携関係に加え、英国や南アフリカのポンプメーカーを買収することで、技術の獲得、生産・販売力の拡大を図ってきた。

・アフリカ事業展開国：エジプト、チュニジア、アルジェリア、モロッコ、セネガル、ガーナ、ナイジェリア、南アフリカ、ジンバブエ、アンゴラ、ザンビア、ケニア、ウガンダ、タンザニア、エチオピア、スーダン

事例9

# アフリカのモビリティを発展させる：
# 本田技研工業（二輪・四輪）

## 1 現地消費者向けにバイクや乗用車を開発・製造・販売

アフリカにおいてホンダは、現地の消費者向けにバイクや乗用車の開発・製造・販売を行っている。現地でのホンダの事業の歴史は1960年代まで遡る。ホンダは1979年にナイジェリアにバイクの生産拠点を設置し、1980年から生産を開始している。現在、ナイジェリアでの二輪車生産台数は年間約10万台である。

2013年には四輪の現地法人を設置し、タイや米国から輸入した「シティ」「シビック」「アコード」「CR-V」といった乗用車を販売。2015年7月からはアコードの現地生産を開始した。

ケニアにおいては2011年に四輪の販売事務所を開設し、その後2013年には生産・販売機能を備えた二輪の現地法人を設立している。ケニアでの二輪車の生産台数は年間約1万台である。また、南アフリカにおいては、2000年に現地法人を設立。SADC諸国も含めた販売店網を通して、四輪車、二輪車、汎用製品、部品用品の販売を行っている。

## 2 現地市場のニーズに合わせた二輪車を展開

ホンダは、現地市場のニーズに合わせた二輪車の展開を行っている。ナイジェリアでホンダが2011年に発表した排気量125ccクラスの二輪車「Ace125」は、現地のニーズや道路状況などに合わせて、燃費性能と耐久性・積載性に徹底的にこだわって開発したものとうたっている。また、2013年には排気量110ccクラスの「CG110」を発表し、販売価格を消費者が求めやすいものとするべく約10万ナイラ（2013年の発売当時、約6万3,000円：1ナイラ＝0.63円とした場合）に設定している。

このことから、ホンダはバイクの経済性・居住性・積載性を重視するナイジェリアの消費者ニーズに合わせた製品の開発・生産・販売を志向している

といえる。

　生産方式についても、アフリカのような新興国市場に対応した取り組みを行っている。ホンダは、アフリカでの二輪車の生産は、ノックダウン（KD）方式（他国で生産された製品の部品を輸入し、それを現地工場で組立する生産方法）を採用している。ホンダのケニアの工場は、ホンダが「どこでも簡単KDパック」と呼ぶ簡素な設備によるもので、中国から輸入した部品を簡易な生産工場で組み立てている。この方式を採用することで、ケニアのような、バイク市場が立ち上がり時期にあり、最初は比較的少量の生産による対応が求められる市場にも迅速に進出することができる。

　また、異なる新興国間での生産・販売の連携を行っている点も特徴である。2012年にホンダは、四輪車「BRIO（ブリオ）」をインドの自社工場から南アフリカへ向けて輸出を開始し、年々モデル数を拡大させている。インドと南アフリカは、地理的に近接性があるだけでなく、印僑ネットワークが存在すること、またボリュームゾーンの価格帯が重なる部分があると考えられることから、親和性が高いといえる。

## 3　中国・インド製バイクとは価格ではなく品質で勝負

　ホンダのアフリカ事業推進のポイントとして、事業展開方式であげた、現地市場に合わせた製品開発と生産体制の整備をあげることができる。

　アフリカの二輪車市場は、安価な中国製とインド製が大半を占めている。そのなかでホンダは、現地生産を行うことで価格を下げる努力をする一方で、中国製品・インド製品に価格面から対抗せず、あくまで品質を勝負とした展開をしている。

　アフリカのバイクユーザーは、手持ちのキャッシュの制限から安価な製品に手を伸ばしがちといえるが、一方で、耐久性を同時に重視し、長い目でみた費用対効果を購入の際の判断材料とするケースは少なくない。

　ホンダは、こうした消費者の価値観に応えるべく、耐久性や燃費、また積載性などの使い勝手の向上に応えたバイクの販売を行うことで、中国・インド製のバイクからのシェア奪還に果敢に取り組んでいる。

### 図表4-12 本田技研工業の拠点設置国

(出所) 本田技研工業ウェブサイトをもとにNRI作成

---

【企業概要】

- 本社：東京都港区
- 企業規模：売上13,328,099百万円（2014年度）、従業員数204,730人（2015年3月末）
- 事業内容：二輪事業、四輪事業、汎用事業を中心としたモビリティカンパニーであり、特に二輪事業では2014年9月には二輪車の世界生産累計3億台を達成するなど世界首位の地位に位置づく。

- アフリカ事業展開国：生産拠点：ナイジェリア、ケニア　販売拠点：ナイジェリア、ケニア、南アフリカ

事例10

# アフリカの自動車社会を支える：
# 住友ゴム工業（自動車関連製品）

## 1 南アフリカに製造拠点を持ち、タイヤ販売を拡大

　住友ゴム工業は新興国市場への展開を重視しており、特にインド、ブラジル、トルコ、アフリカ、ロシアの5つのエリアで販売比率を高めることを目標にしていた。

　こうした中、住友ゴムは、2013年に南アフリカのアポロ・タイヤズ・サウス・アフリカ社（アポロ南ア社）を買収した。買収金額は6,000万USドル（当時のレートで約60億円）であった。この買収により、住友ゴムは、ダンロップブランドタイヤ（アフリカ30カ国＋インド洋2カ国）の販売権・製造権、アポロ南ア社の販売網および本社・販売スタッフ、そして同国のレディスミスに立地するタイヤ生産工場を取得した。アポロ南ア社は従業員約1,100人を数え、同工場は敷地面積が約31万平方メートルである。

　このM＆Aにより、住友ゴムは、アフリカほぼ全域のダンロップブランドの使用権を確保し、南アに製造拠点を持つに至り、アフリカ地域におけるタイヤ販売事業を拡大させている。

　製造能力としては、買収当時、乗用車用のタイヤを1日当たり9,600本生産していた。2014年からは約110億円の大型投資を行い、高性能タイヤを中心に、2015年末に12,000本／日、2017年末には14,500本／日へと拡大することを予定している。

　住友ゴムはこうした投資を通じて、生産能力と品質を向上させ、南アフリカをアフリカ市場におけるダンロップブランドの拠点とすることを狙っている。

## 2 成功要因はM＆Aの活用

　住友ゴムのアフリカ事業における成功要因は、M＆Aの活用である。欧米諸国によるアフリカ市場進出は、M＆Aを活用するケースが多いが、日本企業は日本たばこ産業や関西ペイントなどその数は限定的である。アフリカの

### 図表4-13 住友ゴム工業の拠点設置国

(出所) 住友ゴム工業ウェブサイトをもとにNRI作成

ような市場の拡大が迅速なマーケットに対しては、ブランド構築や生産設備を自前で行っていては、事業機会を逸することにつながりかねない。

住友ゴムはM&Aを活用することで、迅速にアフリカ市場で知名度の高いブランドを取得した。ダンロップブランドは、南アフリカでのシェアは18％である。アフリカの消費者は一般的にブランドを志向する傾向にあるといわれる。こうした消費者に対して、一からブランドを構築するのではなく、すでに認知度の高いブランドの製造・販売権を取得することで、アフリカ市場へ迅速な展開を果たした。

また、南アフリカを製造・輸出拠点とすることで、ダンロップブランドのシェアの低いアフリカ諸国も存在するなか、こうした国々でのシェア拡大を目指すことが可能となった。

事例として先にあげたホンダにおいては、簡易な生産工場を迅速に立ち上げることでこの課題に対応しているが、住友ゴムはM＆Aによって、道路インフラの急速な整備によりモータリゼーションが進み、タイヤ需要が急速に拡大すると考えられるアフリカ市場において、機会損失を避けることに成功したと評価できる。

　また、買収先の工場の生産能力を、設備更新や技術移転により高めることができれば、品質面で他ブランドとの差別化を図ることも可能となると期待できる。

【企業概要】
- 本社：兵庫県神戸市
- 企業規模：売上837,647百万円（2014年）、従業員数30,224人
- 事業内容：タイヤ、スポーツ製品を製造・販売するメーカーであり、タイヤでは、ダンロップ、ファルケンといったブランド名で世界各国に展開している。

- アフリカ事業展開国：全域　生産拠点：南アフリカ

# アフリカに豊かな食品を提供する：
# レオン自動機（食品生産機械）

## 1 エジプト、ナイジェリアなど13の国々に実績

　レオン自動機は、1963年創業の和菓子生産機械を主力としている食品生産機械メーカーである。日本の和菓子メーカーの多くが、同社の顧客である。他にも、パン生産機を販売しており、品質の良いパンが生産できる機械として、日本はもとより、欧米でも多くのパン生産メーカーに採用されている。アフリカではこれまでに、アルジェリア、アンゴラ、エジプト、ガボン、ケニア、コンゴ民主共和国、セネガル、タンザニア、チュニジア、ナイジェリア、南アフリカ、モロッコ、リビアの13カ国に実績がある。中でも、エジプトでの実績が最も多い。民族食の「マムール」生産用に、「和菓子生産機械」（約800万円）が使われている。また、近年では、同機を応用してクッキーを大量に生産する「マルチコンフェクショナー」（約8000万円）の販売が進んでいる。さらに、ナイジェリアとコンゴ民主共和国では、同社の技術の粋を集めた、「ソーセージパンの大量生産ライン」（約2億5000万円）が、販売されている。

## 2 顧客の満足度を高め、事業を拡大

　同社は、1968年から海外での事業展開に着手し、1974年にアメリカ、ドイツに海外支社を設立した。アフリカ市場は、ドイツの支社「RHEON GmbH」がカバーしている。同支社には、日本人駐在員10人と現地スタッフ30人、合わせて40人が勤務している。営業スタッフの他、同社機械を操作指導する技術スタッフ、アフターサービスを行うメンテナンススタッフが、顧客への細かな要望に応えている。

　アフリカ市場においては、ここ数年フランスパンの需要の多いフランス語圏の国々から、パン生産機の引き合いが多くなってきている。これは、先述したナイジェリアとコンゴ民主共和国における「ソーセージパンの大量生産ラ

イン」の実績が影響している。同社機械の品質の良さは以前からアフリカ市場で認知されていたが、ナイジェリアとコンゴ民主共和国の実績によって、同社のサービスの良さについても認知が広まったことが引き合いの増加につながったのだと考えられる。機械・サービス双方の高い品質が、顧客の満足度を高め、結果として口コミによりアフリカ市場における事業が拡大していっている。

### 3　アフリカの食文化に貢献

　レオン自動機は、創業時から「食文化への貢献」を重視した事業展開をしている。千年以上もの歴史を持ち、昭和の時代になっても高級品の位置づけだった和菓子を、現在のような低価格で購入できるようになった理由の一つに、和菓子生産の自動化があげられる。その自動化において、レオン自動機が果たした役割は大きい。

　同社は、同様のことをアフリカ市場でも実現しようとしている。具体的には、機械を納入するだけではなく、パン作り工程において品質を大きく左右する生地作りの技術を同時に提供している。気温、湿度、水質の違いによって、同じ材料でパン生地を作っても、できあがるパンの味や舌触りは異なってしまう。これを、科学的に研究し、顧客企業に所属する技術者に提示し、議論を重ねることによって、現地の技術レベルの向上と安定品質のパン供給に貢献している。こうした取り組みは、パンだけに限ったことではない。「マムール」や「フィグバー」などの果物の実を包んだクッキー類、地域の特産品を加工した惣菜など、各国の様々な食品生産に対して、レオン自動機は長年にわたって蓄積した技術を応用することで、顧客企業と最終消費者双方の期待に応える提案を行っている。これは、創業時から職人の技を機械化することによって日本の和菓子文化を継承、発展させてきた実績が、アフリカの食文化の発展に応用されたものといえる。

### 4　アフリカのリスクを熟知しチャンスを拡大

　顧客に密着する戦略で、アフリカで事業を拡大しているレオン自動機だが、このような戦略を重視すればするほど、アフリカ市場特有のリスクを回避す

図表4-14 レオン自動機のアフリカ事業展開国

(出所)レオン自動機提供資料をもとにNRI作成

るためのリスクマネジメント体制の構築が重要となる。実際、販売先の国や地域には、外務省の渡航情報で危険地域と指定されている国や地域が含まれており、社員の派遣時におけるセキュリティーの確保が非常に難しい。

こうした状況においても、レオン自動機は様々な手法で現地の情報収集を行い、できる限りそのリスクを軽減している。例えば、日本領事館のないコンゴ民主共和国への販売においては、ドイツの支社「RHEON GmbH」から、ベテラン社員を現地に派遣する。その社員が後に複数の技術員が渡航する時の安全を確保するためのノウハウを調査し、あわせてJICAが派遣している専門家からの情報を収集することでリスクを軽減している。

すなわち同社は、リスクを避けるのではなく、リスクを下げることで、ビジネスチャンスを広げることを実践しているのである。こうした他社に先駆

けた先進的な取り組みは、レオン自動機の現地での評価をさらに高め、今後、アフリカ市場において、小売店の増加や冷蔵貯蔵設備の整備が進むにつれて、大きな利益を生みだすことにつながるだろう。

【企業概要】
・本社：栃木県宇都宮市
・企業規模：売上21,284百万円、従業員数（連結）1,000人
・事業内容：食品全般にわたり各種成形機（システム）を開発、製造し、販売している。世界ではじめてお饅頭やクロワッサンの自動成形機（システム）を開発したメーカーであり、日本市場のシェア6割を有するパン製造機械メーカーである。現在、世界120カ国に輸出され、各国の民族食の自動化生産に活用されている。

・アフリカ事業展開国：エジプト、リビア、チュニジア、アルジェリア、モロッコ、ケニア、タンザニア、コンゴ民主共和国、ガボン、ナイジェリア、セネガル、アンゴラ、南アフリカ

## 事例 12

# アフリカに静脈産業を根付かせる：
# 会宝産業（中古自動車部品）

## 1 世界76カ国に中古部品を販売

　アフリカにおいて最も普及している日本製品は自動車である。特に、日本の中古自動車の普及率は非常に高く、どの国を訪れたとしても道路を走っている姿を容易に見つけることができる。こうした状況からもわかるとおり、日本の中古自動車に関連した事業を行っている企業は、かなり早い段階からアフリカ市場において事業を行っている。

　会宝産業もこうしたアフリカ事業の経験を豊富に持つ企業の一つであり、中小企業であるにもかかわらず、ナイジェリア・ケニア・ガーナに現地法人を有している。会宝産業は主に自動車の中古部品を各国のバイヤーを通じてアフリカで販売している。

　石川県内のディーラー、中古車業者、修理業者から県内シェアの3割に当たる約14,000台（年間）の使用済み自動車を購入し解体することで、商品である中古自動車部品、金属スクラップを生産する。さらに、他地域の同業他社からの部品買い付けや同業他社に対するトレーディング支援を行うことで、国内市場のみならず、アフリカをはじめとした世界76カ国に中古部品の販売を行っている。

　アフリカ市場では、自動車の修理の際に純正の部品を用いることは少ない。現地政府や現地の大企業であってもその状況は変わらず、中古の部品やインド製・中国製の部品を用いて修理を行うことが多い。そのため、会宝産業の直接の顧客はバイヤーだが、最終消費者はアフリカ各国の現地政府・現地企業・一般消費者等である。

## 2 口コミによるバイヤーの新規開拓に注力

　アフリカ市場においては、バイヤーを通じた部品販売が中心であるため、会宝産業にとってバイヤーは重要なパートナーである。会宝産業は、こうし

たバイヤーに対して、ただ求められるがまま中古部品を販売しているのではなく、品質の良い中古部品を使うことの価値を理解してもらうことで、取引の継続性を向上させるとともに、口コミによるバイヤーの新規開拓に努めている。

会宝産業は、自動車リサイクルをはじめとした静脈産業・環境ビジネスの重要性やそれを支える日本の仕組み、技術を学べる研修・宿泊施設であるInternational Recycling Education Center （IREC）を有している。各バイヤーはこうした研修を受けることで、会宝産業の提供価値を理解し信頼関係を深めるとともに、自分たちの事業拡大を実現するためのノウハウを得ることができる。各バイヤーにとってみれば、会宝産業に寝泊まりすることは、各国市場でニーズが高い部品を優先的に調達できるため、こうした手法はバイヤーにとっての短期的なメリットも大きい。

また、会宝産業はバイヤーだけではなく、各国の政府高官に対する技術・マネジメント研修をJICAの技術支援プログラムを通じて提供している。それによって、各国の自動車リサイクル法や車検制度等の規制やルールを日本の制度に沿って制定するよう促している。

例えば、アフリカにおいては、ナイジェリアやコンゴ共和国の政府高官向けに研修を実施している。こうした中長期的な取り組みによって、結果的に会宝産業やバイヤーが事業拡大しやすい市場を構築することで事業のさらなる拡大を目指している。

### 3　成功要因は「事業の発展を見据えた仕組みづくり」

会宝産業のアフリカ事業における成功要因として、「事業の発展を見据えた仕組みづくり」と「官民連携制度を活用した新しい取り組みへの積極投資」があげられる。同社は、これまでに様々な「事業の発展を見据えた仕組みづくり」を行っており、それがアフリカ事業での事業拡大に結び付いている。

代表的な仕組みとしては、「KRA (KAIHO Recyclers Alliance) システム」・「JRS (Japan Reuse Standard)」・「中古部品オークション」の3つがあげられる。「KRAシステム」とは、自動車リサイクルにトレーサビリティを導入するためのシステムである。このシステムを用いることで、使用済み自動車から取り

出した部品一つ一つに対して、仕入れから販売までの情報を一気通貫で管理することができる。

　会宝産業は、このシステムを5社のKRAネットワーク企業に導入することで、企業の枠を超えた中古部品販売事業における経営効率の改善を実現している。そして、これらはすべてKRAシステムに情報が集約され、「会宝ブランド」の部品として出荷されている。その他に、競合他社をアライアンス先企業と捉え、バイヤーの紹介や、コンテナ積込管理、貿易書類作成、資金回収などの業務を代行する商社機能を備えることでネットワークの強化に努めている。

　これらの取り組みを核としたネットワークの構築により、国内の車輌調達基盤を拡大し、海外需要の高まりに対応できる体制を整え、結果として中小企業一社では難しい途上国の急成長に合わせた継続的な成長を実現している。

　次に「JRS」とは、KRAシステムで供給する「会宝ブランド」の中古部品と、それ以外の中古部品の差別化を実現する独自の品質表示規格である。世界の中古自動車部品市場においては、日本企業が絶対に扱わないような耐用年数をすぎた日本製の中古部品が出回っている。そのため、JRSでは、例えばエンジンに対して内部のオイル汚れや年式、始動状態などを5段階で評価し、タグにつけて表示をしている。

　こうした品質を保証する「会宝ブランド」の確立により、海外のバイヤーが持つリスクを削減し、結果として、販売量の増大と日本の中古部品の信頼性回復を実現した。

　会宝産業では、さらにJRSをベースに国際規格に準拠した公開仕様「PAS777」の発行を実現した。将来的には、ISO化を実現し、アフリカを始めとした様々な途上国において、各国政府の規制に組み込むことで、品質の高い中古車部品市場の確立を目指している。こうした業界のグレーゾーンに切り込んだことは、今後日本企業がアフリカの中古市場との関係を深めていく際に参考にすべき取り組みだと考えられる。

　最後に、「中古部品オークション」とは、数千の中古部品業者が集まる世界最大の物流拠点である、UAE・シャルジャに設立されたオンライン入札の部品オークションである。会宝産業が2014年7月に現地法人を通じて同年12月

末から週に1回開催している中古部品オークションは、先述したPAS777を用いた公正な部品価格マーケットを実現するための仕組みである。

　従来は、自動車部品には品質による価格差がつきにくい状況であったが、オークションにおいてPAS777による品質評価の違いで異なる価格での入札が行われることで、高品質なエンジンには高値が付くという状況が生じる。これまで、中古部品の品質評価は主に会宝産業の売上向上に貢献していたが、この仕組みの確立によって、会宝産業の利益率向上が実現するとともに、日本からの中古部品の輸出全体に対する付加価値向上にもつながる。

　アフリカ市場においては、中東から自動車部品を調達する地場企業も多く、中東にこうした仕組みを作ることは、会宝産業のアフリカ事業の拡大に大きく寄与すると考えられる。

　もちろん、中には当初想定したとおりには上手くいっていない取り組みもある。例えば、会宝産業は2011年にJICAの協力準備調査（BoPビジネス連携促進）において、ナイジェリアでの「BOP層が参画する環境配慮型の自動車リサイクルバリューチェーンの構築事業準備調査」を行った。この取り組みでは、UNIDOやナイジェリア政府からの要望に応じて、ナイジェリア・アブジャ郊外にナイジェリア初の自動車リサイクル工場を開設し、ナイジェリアにおいて毎年40万台誕生する廃車のリサイクルと、それを通じて調達できる中古部品の販売に取り組むことを目指した。結果から言うと、現地政府の方針の変更や現地での合弁パートナーの経営能力の欠如により、リサイクル工場の設立を実現することはできなかった。

　現時点では、現地政府関係機関であるNAC（National Automotive Council）が研修センターの設立を検討している状況に留まっている。しかし、「ナイジェリアで実現できれば世界中のどこでも実現できる」という思いの中で試行錯誤をして得た経験は大きい。

　現在、会宝産業はナイジェリアでのリサイクル工場設立は保留としているが、そこで得た経験を生かしてJICAの中小企業海外展開支援普及・実証事業において、ブラジルで「環境配慮型自動車リサイクルシステムの普及・実証事業」と称し、環境配慮型の自動車リサイクル技術教育センターの設置を目指している。

図表4-15　会宝産業のアフリカ事業展開国

(出所) 会宝産業提供資料をもとにNRI作成

　また、ガーナにおいては、経済産業省の「途上国における適応対策への我が国企業の貢献可視化に向けた実現可能性調査事業」において、「会宝リサイクル農機レンタルビジネス」と称し、灌漑ポンプ・タンクを積んだ自動車であるモバイルポンプカーの普及事業に関する調査を行い、アフリカでの農業関連事業という新市場への進出を目指している。

　会宝産業のこうした「官民連携制度を活用した新しい取り組みへの積極投資」が、先述した仕組み作りへとつながっているのである。アフリカ市場における自動車産業はアフリカ各国の成長とともに今後も成長していくと予測される。そうした成長市場において、次々に収益向上のための仕組みづくりを創出している会宝産業のアフリカ事業は、今後ますます拡大していくと考えられる。

【企業概要】
・本社：石川県金沢市
・企業規模：売上3,040百万円、従業員数82人（2014年12月末）
・事業内容：静脈産業※のパイオニアとして、使用済自動車を正しく解体し、資源として活用することに取り組んでいる。海外に自動車部品を輸出する自動車リサイクルネットワークを構築することで、世界76カ国に対する販売を実現し、売上に占める輸出の割合は75％を超える。

※静脈産業とは、作ったものを循環させる産業のことであり、ものを製造する動脈産業の対義語として用いられる。

・アフリカ事業展開国：アンゴラ、エジプト、カメルーン、ギニア、ケニア、ジンバブエ、ナイジェリア、ナミビア、モーリシャス、南アフリカ、ウガンダ、タンザニア、ボツワナ、ガーナ、ベナン、モロッコ、ザンビア

## コラム④ 出張時の通関と両替で注意すべきこと

　アフリカ出張時に気を使うのが通関である。アフリカ各国の通関は汚職・賄賂と切っても切り離せない関係にある。製品の輸出入においては、かなり重要な問題となるが、ここでは出張時の空港での通関の話に留めておく。空港での通関においても、いつもというわけではないが、あることないこと質問され、結局お金を要求されるという場面に遭遇した経験のある人は少なくない。旅行鞄を開けて詳しく検査をされることもよくある。大量の食料品や飲料を鞄に入れていると没収されるだけではなく詰問をされることがあるので注意をしたほうがよい。荷物や服装はシンプルにするに越したことがなく、一人旅ではなく他の旅行客に紛れて団体のふりをして通るのが望ましい。

　また、通関の際によくチェックされるのが、自国通貨の持ち出しである。自国通貨の持ち出しを禁止している国が北アフリカを中心にところどころあり、そこではセキュリティチェックにおいて財布の確認等が行われる場合もある。そして、自国通貨を発見すると一部を賄賂として要求されるか、全額没収される。日本国内で両替が可能なアフリカの通貨というと、エジプトのエジプト・ポンドや南アフリカのランド等と限られており、大抵の場合は現地の空港・ホテル・銀行の両替所で両替をすることとなる。日本円での両替を対応していない、もしくはレートが悪い国もあるため、ドルやユーロで持ち込み両替をすることとなる。

　また、それならばと、街のATMでクレジットカードを使って引き出せばよいと思ったら、ATMが故障していて引き出せないどころか、クレジットカードが戻ってこない等のトラブルに巻き込まれることもある。こうして苦労して手に入れた現地通貨を帰りに再度両替しようと空港に行くと出発用のロビーには両替所が存在しないという国もある。

　必要な分だけ持っていき、必要な分だけこまめに両替するということを原則とし、自国通貨の持ち出しが禁止されている国においては必ず再

度外貨への両替をする時間を確保しておくことが望ましい。最初のうちは気を遣うが、だんだんと行き慣れていくにつれて、自然に対応できるようになっていくことだろう。

　なお、他地域でも同様だが、両替をする際には複数人で行くことが望ましいし、荷物から手を離さないようにしたい。アフリカ地域特有の注意点としては、いざ強盗に襲われた時にはすぐにあきらめ身の安全を第一優先にすることだ。

　また、両替とは直接関係はしないが、クレジットカードでの支払いについては、どのような場所での決済においても、必ず目の前で読み取り機に通してもらい、不正が行われていないか注意しておく必要がある。有名なホテルやレストランであっても、スキミングが行われることがあり、実際にアフリカビジネスに関わっている日本人の中でスキミングの被害にあったことがある人は多い。大げさかもしれないが、アフリカへ出張したことのある日本人の3分の1から半分くらいはそうした経験があるのではないか。そのくらい頻繁に起きている。スキミングの被害についてはカード会社が保証してくれる場合が多いものの、そうでない場合もあるため、注意が必要である。

　このように、アフリカ地域は他の地域と比較しても、注意をしなくてはいけないことが多いかもしれない。しかし、他の地域と比較して、安全なことと危ないことの線引きがはっきりしているため、現地でのルールや常識を知り、違和感が肌感覚でわかるようになれば、過ごしやすい地域になりうる可能性もある。いまはアフリカ地域に対するこうした一つ一つの情報が不足している状況だが、今後日本企業の進出が進むにつれて、そうした状況が打破されていくことだろう。

# 第5章
# アフリカ市場進出に向けた検討ステップ

第5章では、アフリカ市場進出に向けた検討ステップとして、①進出国・現地中核拠点の選定、②現地パートナー探索、③アフリカ市場に向けた事業の再構築、の3つのステップについて提示する。

　進出国・現地中核拠点に関しては、第2章でもアフリカ市場進出シナリオの描き方を解説したが、本章では改めて、現地中核拠点の候補をピックアップした後に、具体的にどの国までをその現地中核拠点の管轄下に置くべきかといった観点から考え方を示すこととする。

　まず、改めて、グローバル事業における一般的な拠点別の保有機能を確認しておこう。グローバル事業においては、一般的に本社・地域統括拠点・現地中核拠点が存在し、その下に各国拠点、もしくは販売代理店等の現地パートナーが存在する。そして、それとは別に生産拠点が存在し、生産拠点ごとに連携対象となる地域統括拠点や現地中核拠点が設定されている。

　日本企業によるアフリカビジネスの場合は、本社は日本にあり、地域統括拠点がヨーロッパ、生産拠点が日本もしくは中国等のアジア諸国、現地中核拠点が南アフリカに存在するといったことが多い。

　しかし、実際にはアフリカ市場を管轄している地域統括拠点であるヨーロッパ拠点は先進国市場に目が向いているためアフリカ市場に対する関心が限られている。

　現地中核拠点である南アフリカ拠点もリソースが限られているためアフリカ54カ国すべてには目が向けられていない状況に陥っていることが多い。そのため、アフリカ市場における事業拡大を検討する際には、こうした機能不全に陥っている組織構成を見直していくことが必要となる。

　第5章では、こうした観点から、現地中核拠点と生産拠点を上記3つのステップを通じて見直していく際の考え方を記載する。

　なお、実際には、同時に地域統括拠点の立地や本社・地域統括拠点が担うべき役割の見直しを行う必要があるが、アフリカ事業以外のグローバル戦略全体に係る課題に踏み込むことになるため、本書では割愛することとする。

#### 図表5-1　一般的な拠点別の保有機能

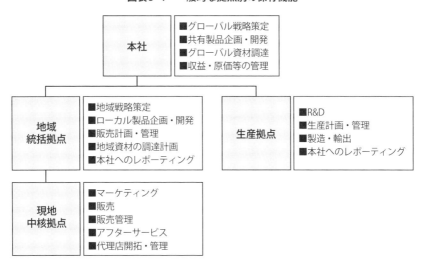

# 1

## 進出国・現地中核拠点の選定

### 1　他国とのつながりから現地中核拠点としての適性を判断する

　第2章に記載したとおり、進出国・現地中核拠点を選定する際には、「マクロ指標から見た市場の成熟度」、「企業の現地中核拠点としての重要度」、「金融機関の投融資対象としてのアフリカ市場の有望度」の3つの視点から市場の実態を把握し、自社が進出すべき市場の特定を行うことが望ましい。汎用的な検討の流れを示すために、本章においては仮に、現地中核拠点の候補として主要経済共同体ごとにGDPの大きさから上位2カ国をピックアップし、アフリカの東西南北全体への事業展開における現地中核拠点の配置と、現地中

**図表 5-2　主要経済共同体別 GDP ランキング上位 2 カ国**

|   | AMU | SADC | COMESA | EAC | ECOWAS | UEMOA |
|---|---|---|---|---|---|---|
| 1 | アルジェリア | 南アフリカ | エジプト | ケニア | ナイジェリア | コートジボワール |
| 2 | モロッコ | アンゴラ | エチオピア | タンザニア | ガーナ | セネガル |

(出所) IMF "World Economic Outlook Database"（2015年4月）をもとにNRI作成

　核拠点の管理する国の配分について、検討の流れと検討例を記載する（図表5-2）。なお、SADCとSACUは加盟国の重複が多いため、SADCのGDP上位2カ国を選定している。

　現地中核拠点を検討する際に、一番重要なことは現地中核拠点が存在する国自体に一定規模の市場が存在するかどうかだが、それはすでに前記の3つの視点から検証済みとし、ここでは他国とのつながりという観点から現地中核拠点としての適性を判断していく。

　アフリカ市場において、国間のつながりの強さを把握する際には、複数の要素を組み合わせて分析する必要がある。代表的な要素としてあげられるのが、「言語」、「宗教」、「旧宗主国」、「経済共同体」の4つである。もちろん、ここに近隣国であるかどうかという観点から地理的要素を加えてもよい。しかし、本章では物流インフラの整備が十分に行われていないアフリカ市場においては、地理的側面よりも、これら4つの要素の影響のほうが大きいとし、4つの要素に絞って検討した後のリアリティチェックを行う際の追加項目として地理的要素を活用する。

　これら4つの要素を用いて、主要経済共同体別GDPランキング上位2カ国それぞれの属性と共通する属性を多く持つ国を、各国とのつながりが強い国として、その国数を抽出する。この分析によって、各候補国の現地中核拠点としての適性を定量的に把握することが可能となる。図表5-3が分析結果を示した例となるが、この時点ですでに、地域ごとに現地中核拠点としての適性について選定した各共同体において、2カ国間で大きな差が存在することが読み取れる場合がある。例えば、当初SADCにおいては、南アフリカとアンゴラを選定したが、南アフリカとつながりが強い国が10カ国存在するのに対

**図表5-3　主要経済共同体別GDPランキング上位2カ国の属性とつながりが強い国数**

周辺国との重複項目数が少ないため、除外

|  | アルジェリア | モロッコ | 南アフリカ | アンゴラ | エジプト | エチオピア |
|---|---|---|---|---|---|---|
| 言語① | アラビア語 | アラビア語 | 英語 | ポルトガル語 | アラビア語 | アムハラ語 |
| 言語② | フランス語 | フランス語 | アフリカーンス語 | | ― | 英語 |
| 宗教① | イスラム教 | イスラム教 | キリスト教 | 在来宗教 | イスラム教 | キリスト教 |
| 宗教② | ― | ― | ― | キリスト教 | キリスト教 | イスラム教 |
| 旧宗主国 | フランス | フランス | イギリス | ポルトガル | イギリス | 不明 |
| 経済共同体① | AMU | AMU | SADC | SADC | COMESA | COMESA |
| 経済共同体② | ― | ― | SACU | ― | ― | ― |
| 関係が強い国数 | 6 | 6 | 10 | 3 | 3 | 2 |

|  | ケニア | タンザニア | ナイジェリア | ガーナ | コートジボワール | セネガル |
|---|---|---|---|---|---|---|
| 言語① | スワヒリ語 | スワヒリ語 | 英語 | 英語 | フランス語 | フランス語 |
| 言語② | 英語 | 英語 | ― | ― | ― | ― |
| 宗教① | 伝統宗教 | イスラム教 | イスラム教 | キリスト教 | イスラム教 | イスラム教 |
| 宗教② | キリスト教 | キリスト教 | キリスト教 | イスラム教 | キリスト教 | ― |
| 旧宗主国 | イギリス | イギリス | イギリス | イギリス | フランス | フランス |
| 経済共同体① | EAC | EAC | ECOWAS | ECOWAS | ECOWAS | ECOWAS |
| 経済共同体② | COMESA | SADC | ― | ― | UEMOA | UEMOA |
| 関係が強い国数 | 9 | 13 | 4 | 3 | 11 | 9 |

(出所) IMF "World Economic Outlook Database"(2015年4月) 他公開資料をもとにNRI作成

して、アンゴラとつながりが強い国は3カ国しか存在しない。そのため、アンゴラはこの時点で現地中核候補から除外することができる(図表5-3)。

なお、図表5-4に4つの要素を用いて抽出した国間のつながりをマッピングした例を示している。ここでは、各国のつながりという観点からEACにおいて最も適している国としてタンザニアの例を示した。タンザニアとつながりがとても強い国は、ウガンダ、ケニア、マラウイであり、それには劣るものの十分つながりが強い国は、ザンビア、ジンバブエ、セーシェル、モーリシャス、ガーナ、ガンビア、ナイジェリア、スワジランド、南アフリカ、レソトである。これらの国々がタンザニアを現地中核拠点とした際に統括する国々の候補となる。

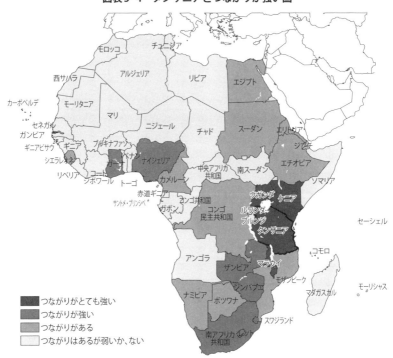

図表5-4 タンザニアとつながりが強い国

- つながりがとても強い
- つながりが強い
- つながりがある
- つながりはあるが弱いか、ない

## 2　進出国・現地中核拠点の例

　現地中核拠点の候補とその統括候補国を決めた後に、現地中核拠点の配置パターンとパターン別の統括区分を決めていくこととなる。ここでは、東西南北をカバーできるように6つの現地中核拠点を設置した際の統括区分を例示している（図表5-5）。

　まず、北アフリカにはエジプトとモロッコの2カ国に現地中核拠点を設置している。経済共同体や北アフリカ地域内の国間の外交状況から、どちらか一カ国が北アフリカ全域を統括するのは現実的には難しいという観点から上記2カ国に設置した。次に、東アフリカは、現地中核拠点の適性度合いからタンザニアに設置した。西アフリカは、英語圏とフランス語圏で大きく市場環境が異なるため、英語圏はガーナ、フランス語圏はコートジボワールに設置す

**図表5-5　6つの現地中核拠点を設置した際の統括区分の例**

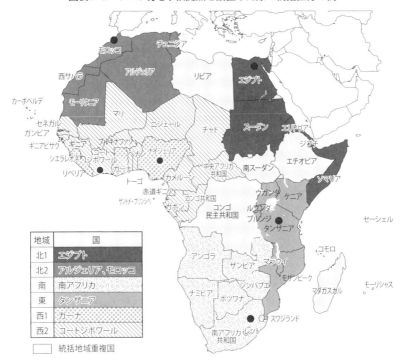

ることとした。最後に、南部アフリカは南アフリカに設置している。これらの6つの国に現地中核拠点を設置した際に、各現地中核拠点とのつながりの強さの強弱で東西南北のどの地域から各国を統括していくのかを決定する。

なお、複数の現地中核拠点が同程度のつながりの強さを持っている統括地域重複国に関しては、つながりの強さを構成する要素のうち、どの要素を重視するか重みづけを行うことで最終的な統括区分を決める。上記の例の場合、タンザニアから統括する国は、ケニア、ウガンダ、ルワンダ、ブルンジ、マラウイ、モザンビークの6つとなり、状況に応じて統括地域重複国を統括国に加えていくこととなる。

実際、各国を地図に配置し地理的要素を用いたリアリティチェックを行うと、地理的要素から見ても現実的な区分になることがわかる。本章で例示した現地中核拠点と現地中核拠点の統括範囲は一つのパターンに過ぎない。実

際には、こうしたパターンを複数用意した上で、現地パートナーや各国市場の実態に合わせてどのパターンを採用するのかを決定することとなる。

## 2 現地パートナー探索

　現地中核拠点と現地中核拠点の統括範囲のパターンを作成したら、その次に現地パートナーの探索を行うこととなる。現地パートナーを選定する際に重要なのは、現地パートナーに何を求めるのかを明確にしておくことである。それによって、適切な現地パートナーが異なってくる。現地パートナーに求めることの例をあげると、複数カ国展開や国内の多数の小規模店舗への流通のための「販売・物流ネットワーク」、現地製造や質の高いアフターサービスを実現するための「製造・アフターサービスに関する技術力」、アフリカ市場に適した価格水準を実現させる「原材料調達・製造・販売等におけるコスト競争力」、急成長する市場に応じた事業の拡大を可能とする「アフリカ市場における資本力・資金調達力」、各国市場における消費者の理解やリスクマネジメント能力に係る「市場に関する知見」等がある。こうした例をもとに自社が現地パートナーに求めることを整理した上で、現地パートナーを探索する。

　さて、実際に現地パートナーを探索する際には、いくつかの手法が存在する。投資庁を始めとした現地政府機関や業界団体や日本政府機関、当該国や近隣国の代理店の紹介等、各企業がこれまで構築してきたネットワークによって取りうる手法は異なるだろう。

　どのような手法でも、アフリカ市場におけるパートナー選定の際に重要なことは、企業としての信用力を見定めることである。アフリカの多くの国において、汚職・賄賂は日本企業が事業を進める上で頭を悩ます課題であり、パートナー選定時においても汚職・賄賂等に巻き込まれないように工夫をす

る必要がある。しかし、アフリカにおいて、信頼できるレベルの企業財務情報を閲覧できる国は存在せず、そもそも財務情報を整備している企業も少ない。そのため、企業の信用力を判断するにしても、判断するのに必要な情報が入手できないことが多い。

　このような状況下において、比較的信用力の高いパートナーを選定するのに有効な手法が2つある。1つめの手法は、すでにアフリカ市場で活躍する外資企業のパートナーを選ぶことである。特に、アフリカ市場においては、複数事業を展開する現地企業も多いため、他業界の外資企業のパートナーを自社のパートナー候補として選定することが有効だと考えられる。こうすることで、すでに提携済みの外資企業の技術支援等により、現地企業が有する財務情報の信頼性が高まっているとともに、他社の製品・サービスの展開によって培った基本的な技術力や販売力を活用することが期待できる。

　また、提携済みの外資企業にアプローチすることができれば、その企業が信用できる企業かどうかを判断することも可能だろう。さらに、外資企業の現地パートナーの中にはアフリカの複数国における販売網を有する企業も多く、こうした企業を選定することで、事前に描いた現地中核拠点からの面的事業展開が可能かどうかを判断することもできる。

　ただし、実際に、アフリカ市場で活躍する外資企業のパートナー事例をみると、複数国に販売網を有しているパートナーはアフリカ地域外に本社を有している場合が多い（図表5-6）。国別ではなく面的展開を行う際にそれを実行する能力を有したアフリカの現地企業は少なく、現地企業の中から面的展開に適したパートナーを探すことは非常に難しいのが現状である。そのため、後述するようにパートナーの成長を支援していくという視点を持つことが望ましい。

　2つめの手法は、IFC等の国際金融機関や現地金融機関の投資先をパートナー候補とすることである。特に、IFCは、汚職の可能性がある企業や牽制機能が働かない恐れのある企業に対する投融資は行っていない（図表5-7）。また、IFCは、世界銀行グループの一員であるため、現地政府に対して事業の成長を阻害するような行為をした際に、世界銀行を通じて牽制をかけることができる。そのため、アフリカにおける不払いや営業停止等のリスクを最小

### 図表5-6 アフリカ市場で活躍する外資企業のパートナー事例

| | 本社所在地 | 展開国例 | 主な取扱商品 |
|---|---|---|---|
| CFAO equipment | フランス | カメルーン、コンゴ民主共和国、コンゴ共和国、コートジボワール、ガボン、ガーナ、ナイジェリア、セネガル | 車両や産業機械（エレベーター、農機等）、医療品卸売、消費財（飲料・文具等） |
| L.D.F.Sグループ | フランス | アルジェリア、リビア、チュニジア、コートジボワール | 空調機器 |
| Lonrho Group | イギリス | タンザニア、アンゴラ、モザンビーク、南スーダン | 農機 |
| Dubai Auto Gallery | UAE | カメルーン、コンゴ共和国、エチオピア、ギニア、ケニア、リベリア、ナイジェリア、シエラレオネ、スーダン、トーゴ、ウガンダ | オートバイ |
| R. K Globals（Gautam group） | UAE（インド） | マダガスカル、モザンビーク、ナミビア | 自動車、自動車部品、オートバイ |
| Duseja General Trading（L.L.C） | UAE | ブルキナファソ、コートジボワール、マリ、トーゴ | 消費財、オートバイ、緊急支援物資 |
| Darwish Bin Ahmed Group | UAE | ブルンジ、中央アフリカ、チャド、コンゴ共和国、ジブチ、エリトリア、エチオピア、ガボン、ケニア、ウガンダ、コンゴ民主共和国、ルワンダ、ソマリア、タンザニア、ウガンダ | 空調機器 |
| Tata Africa Holdings（タタ財閥） | 南アフリカ（インド） | コートジボワール、ガーナ、ケニア、マダガスカル、マラウイ、モザンビーク、ナミビア、ナイジェリア、セネガル、南アフリカ、タンザニア、ウガンダ、ザンビア、ジンバブエ、ガンビア | 建機、農機 |
| Dash-s Technologies | ルワンダ | ルワンダ、ウガンダ、ブルンジ | IT機器、医療機器 |
| Ducray Lenoir | モーリシャス | モーリシャス、セーシェル、コモロ、マダガスカル | 医療機器 |

（出所）各社ウェブサイト他、公開資料をもとにNRI作成

**図表5-7　IFCによる投資先の発掘・選定とExitまでの流れ**

| | 拠点別の保有機能 | | | 概要 |
|---|---|---|---|---|
| | 本部 | 地域統括 | 現地 | |
| ソーシング | | | ● | ・現場のシニアクラスのトップ営業に加えて、フロントの担当者もコールドコールで案件を取りに行く<br>・案件を見つける方法は、日ごろからのネットワークと既存顧客からの紹介<br>・有望企業、顧客候補企業は組織内で知見を蓄積<br>・政治家\*が出融資先に株を持っている場合には、当該企業への出融資が難しい |
| 審査 | ● | | ● | ・フィールドオフィスで一次審査。その後社内の役員会の審議を経て、本部の専門家も巻き込んで二次審査を行う<br>・業界のエキスパートを基本的には組織内に置いておくが、一部は外注<br>・開発効果の審査も行う<br>・環境・社会配慮の審査も行う。他機関より厳しい場合もあるが、IFCのスタンダードを満たさなければ投融資は極めて厳しい状況<br>・出資案件の場合のターゲットIRRは設定していない |
| 出融資決定 | ● | ● | ● | ・金額に応じて意思決定レベルが異なる |
| モニタリング | | | ● | ・フィールドオフィスがモニタリングを行うが、国によって対象産業のエキスパートがいない場合もあり、その場合は、近隣諸国からモニタリングする<br>・出資先企業のBoard seatは基本的には取らない<br>・役員を送る場合も、IFCの人間というよりも、役員にふさわしい人間を探してきて、送る<br>・役員にふさわしい人間は、公募＆人脈<br>・事業で政府からの汚職要求や接収、契約変更などが発生した場合には積極的に介入<br>・年2回、格付け評価を行う。ほぼ審査と同じプロセス |
| Exit | ● | | ● | ・出融資の決定段階でExit方針は固める（方針は業種によっても異なる） |

(注) ＊政治家の定義については不明
(出所) IFC ウェブサイト、インタビュー結果をもとにNRI作成

図表5-8 2011年におけるIFCのアフリカでの投資実績（環境アセスメント案件のみ）

| 承諾年月 | 国名 | 業種 | コミット額（単位：百万ドル） | 借入人、出資先 | ストラクチャー | 資金使途 |
|---|---|---|---|---|---|---|
| 2011年9月 | シエラレオネ | Other Plastic and Rubber Products (Including Polypropylene Bags, Housing Components, Containers, etc.)（マットレス） | 2.85 | Vitafoam | 融資 | 生産ラインの設置 |
| 2011年8月 | モーリシャス | Other Steel Products (Including Wire, Metal Sheets etc.)（鋼板の冷延、コーティング） | 15 | Safal Investments Mauritius Limited | 融資 | 運転資金と流通チャネルの拡大 |
| 2011年7月 | エジプト | Nitrogenous Fertilizer | 250 | Orascom Construction Industries, Egyptian Fertilizers Company | 不明 | 生産能力の拡張、財務リストラ |
| 2011年6月 | 南アフリカ | Motor Vehicle Parts | 21.84 | Apollo Tyres South Africa | 融資 | 不明 |

(出所) IFC ウェブサイトをもとにNRI作成

限に抑え込むことができ、結果としてアフリカ市場のような無秩序な市場における企業の競争力が向上する。

　実際に、IFCのアフリカでの投資実績を見ると、Apollo Tyres South Africa（2013年、住友ゴムが買収）等、日本企業のM＆A対象になっている案件も存在する（図表5-8）。このように信用力が高く、将来の成長可能性も大きいと考えられる企業をパートナーにすることが望ましい。しかし、アフリカ市場においては、こうした有望企業の数は限られている。これまでにも積極的にアフリカ事業に取り組もうとした日本企業が有望なパートナー候補を発掘したにもかかわらず、最終的な意思決定が進まず、結果として欧米企業からのパートナー候補への出資を許してしまうという事例が複数存在する。アフリカ市場においては、有望なパートナー企業の奪い合いがすでに始まっていることを改めて認識したうえで、迅速な意思決定を行うことが必要である。

# 3 アフリカ市場に合わせた事業の再構築

## 1 製造戦略の再構築

　現地パートナーの探索が済み、現地中核拠点との統括範囲のパターンの検証が終われば、次にアフリカ市場に合わせて事業を再構築する。

　アフリカ市場では物流網等のビジネスインフラが整っていないだけではなく、人件費が高いにもかかわらず優秀な人材が少ない。従って、先進国市場やアジア市場のバリューチェーンをそのまま持ち込んでも事業が成り立たない場合が多い。すなわち、日本企業はアフリカ市場の特徴に合わせて、事業のバリューチェーンを見直す必要がある。本章では、製造、販売、アフターサービスの3つの視点からアフリカ市場参入に向けてバリューチェーンごとの戦略オプションを提示する。自社の事業特性に合わせて、これらの戦略オプションを取り込むことによって、アフリカ市場を見据えた事業の再構築ができるだろう。

　まずは、製造戦略の再構築である。日本企業がアフリカ市場に進出する際には、日本・インド・中国・アフリカ現地での製造を主要な選択肢として考えることができる。もちろん、自社の既存の製造工場がどの国に存在するのか、各国の製造余力がどの程度存在するのかによって、状況は大きく異なる。

### ①日本での製造

　海外での製造工場を持たない企業の場合は、日本で製造したものをそのままアフリカ市場に持ち込むという選択肢を選ばざるをえない。実際にアフリカ市場への進出を果たしている中小企業の多くは、日本で製造し、それをアフリカに輸出している。このとき、アフリカにおいて高い評価を受けている日本企業の製品の多くは、日本で製造を行い、日本での製造テストを行うだけではなく、現地に技術者を派遣し、製品の品質チェックや動作確認を行っ

ているという特徴を有する。例えば、食品加工機械は、現地の気候・調達できる原材料・水質等により製造される食品の品質が大きく変わってくる。そのため、技術者が現地で製造テストやテストマーケティングに協力することで、初めて中国製・インド製の機械との差別化ができるようになる。

アフリカ市場において、品質を重視する富裕層・中間層や、そういった層を顧客とする宿泊施設等の企業を対象に事業を行うのであれば、下手に中国製・インド製の価格の安さに対抗しようとするのではなく、徹底的に最終成果物にこだわり抜くために日本での製造を行うことが望ましい。

他方で、現状のアフリカ市場においては、日本で製造した製品が通用する市場は限られた大きさでしかない。そのため、事業拡大を行うためには少しでも製造コストを削減し、最終価格を下げることができる国に製造拠点を設ける必要がある。すなわち、事業規模の拡大を求める際にはインド・中国・アフリカ現地での製造を検討することが望ましい。

②インドにおける製造

このところ、日本企業のアフリカ市場進出上の製造拠点として注目されているのが、インドである。インドは印僑ネットワークにより中東・アフリカに強いつながりを有している。こうした従来からの印僑ネットワークに加え、先述したとおり特定市場スキームをはじめとしたインド政府によるアフリカへの輸出促進に関する政策的な後押しがあり、インド企業によるアフリカ市場への進出は増加し続けている。インドからの輸出が10億ドル以上に達する国は、南アフリカ、ナイジェリア、エジプト、ケニア、タンザニア、モーリシャスであり、こうした国々に対する進出は後を絶たない。

インド政府の政策的な後押し、印僑ネットワークを通じた販売網の活用、インド事業によって得た新興国向け販売戦略の横展開、人件費の安さ、といった観点から、日本企業にとってもインドで製品を製造し、インドの現地パートナーとともにアフリカ市場に輸出するという戦略は非常に有望な一手だと考えられる。

また、日本企業によるインドへの先行投資の回収機会としても、アフリカ市場向けの製品をインドに有する工場で生産することは経営戦略上メリット

が大きいと考えられる。インド市場はすでに日本企業の新興国事業における重要国として認識され、その巨大市場における事業拡大に向けて工場設置等の先行投資が行われてきた。しかし、州別にディストリビューターが異なることや、法体系等が異なることから、予想以上にインド市場全体から収益を上げることが難しく、工場の稼働率が高まらないといった悩みを抱える企業が多いのも事実である。

　こうした状況下において、インドの工場でアフリカ市場向けの製品を生産することは、直近の工場の稼働率を高めるとともに、将来のインド市場における事業拡大に備えた工場の生産性向上を促せるというメリットを有している。

　実際に、三菱ふそう、日立建機、パナソニックといった日本企業がインドで製造しアフリカ市場に製品を流通させる手法を取り始めている。なお、先述したとおり日立建機は、インドからアフリカを見るにあたって、ブランド・製品のダブルスタンダードを採用するという工夫を行っている。日立建機はインドではタタ財閥と連携し、タタ日立というブランドで建機を製造している。タタ日立ブランドの建機は、価格は安いものの、これまで日立建機が製造してきた建機よりも品質が劣る。日立建機はこれまでもアフリカ各国の代理店を通じて日立建機というブランドで高品質の建機を販売してきたということもあり、高品質の建機はこれまでの代理店網を通じて日立建機ブランドとして販売し、タタ日立ブランドの建機はタタが有するアフリカでの流通網を活用し販売していくという手法をとっている。

　アフリカでもインド製品は日本製品よりも価格は安いが品質は悪いといった認識が広がっている。アフリカ市場における高品質製品の需要が高まった際に、日本企業の高品質製品を供給できるようにするためには、日立建機のようなダブルスタンダードを採用するのも有効な一手だと考えられる。

③中国における製造

　日本企業がアフリカへの製品輸出を検討する際に、インド同様に製造拠点として名前があがるのが中国である。中国はアフリカ市場においても大きな存在感を持っている。中国政府がアフリカの資源開発やインフラ整備を他の

先進国には真似できないほど迅速な判断で推進しているだけではなく、強力に中国企業の進出支援を行っているからだ。さらに、多くの日本企業が中国に進出しているし、中国企業と連携し事業を進めている日本企業も少なくない。そのため、そうした日本企業にとってはアフリカ市場への事業展開において、すでに連携している中国企業とともに進出するということが選択肢の一つとして考えられるだろう。実際、欧米企業の中にも、中国企業と連携してアフリカ市場への事業展開を加速させている企業が存在する。

ただし、ここで注意すべきなのは、中国に製造工場を持つすべての企業が対象となるわけではないということである。現地企業と合弁会社を設立し、工場を有し、なおかつ現地企業との連携がうまくいっている企業に限って、この戦略は有効である。少しでも中国市場に足を踏み入れたことがある人であれば、その難易度の高さをわかっていただけると思う。

さて、中国政府は、対外投資国別産業指導目録において、海外進出に関する優遇政策を享受できる国・産業を指定している（図表5-9）。アフリカ地域においては、2004年の目録（一）において、南アフリカ、ケニア、タンザニアといった一定の経済規模に達している国から、マリやナミビアといったこれからの成長が期待される国を含めた13カ国が、2005年の目録（二）では追加で10カ国が、2007年の目録（三）ではさらに追加で9カ国が指定されている。また、産業としては各国の特性を踏まえた産業指定がされており、例えば自動車関連事業の重点国としては、エジプト、ナイジェリア、ケニアを始めとした9カ国が指定されている。

優遇政策の例としては、こうした国に対して中国で生産した製品を輸出する際に、輸出製品を製造するための輸入設備に関して関税が免除されることがあげられる。実際に、こうした優遇制度や人件費の安さに魅力を感じ、自国の人件費が十分に低いインド企業の中にも、アフリカ向け製品の製造拠点を中国に置いている企業が存在する。

ただし、気をつけなくてはいけないのは、昨今における中国の人件費の高騰により、生産拠点を設置すべき国という観点からはインドやアフリカといった他の途上国・地域に比べて、相対的に中国の魅力が下がってきていることである（図表5-10）。

**図表5-9 対外投資国別産業指導目録対象国と自動車関連事業の重点国**

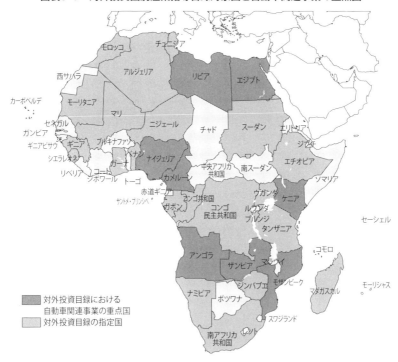

(出所)中国商務部「対外投資国別産業指導目録」をもとにNRI作成

　現状においては、これまでの中国における人材育成・技術移転を通じた工場の生産性改善の効果により、単純な時間当たりの人件費が他国と比べて高いとしても、生産性の高さから低いコストで工場運営が行われている。しかし、そうした傾向も長くは続かないと予測されている。

　実際に、最近ではアフリカ市場に進出している中国企業の中でも生産拠点を中国からアフリカに移し始めている企業が増加し始めている。それもアフリカ市場向けだけではなく、アフリカから欧州や北米に対する輸出も視野に入れた生産拠点を設置している。現地に中国人を連れていくとコストがかかるという理由から、積極的に現地人を雇用する企業も現れ始めている。

　中国政府はこうしたアフリカへの生産拠点の移転に関しても、積極的に支援をしている。対外投資国別産業指導目録において指定された国において、

図表5-10 インド・中国・アフリカにおける各層の人件費（月額）

(単位：USドル)

| | ワーカー<br>(一般工職) | エンジニア<br>(中堅技術者) | 中間管理職<br>(課長クラス) |
|---|---|---|---|
| ニューデリー (インド) | 224.15 | 567.03 | 1,405.42 |
| ムンバイ (インド) | 208.28 | 489.60 | 1,089.89 |
| バンガロール (インド) | 193.69 | 508.86 | 1,306.69 |
| 上海 (中国) | 495 | 867 | 1,485 |
| 広州 (中国) | 437 | 691 | 1,310 |
| 大連 (中国) | 347 | 590 | 1,044 |
| カイロ (エジプト) | 170.95～284.92 | 320.54～1,852.01 | 512.86～2,193.92 |
| ナイロビ (ケニア) | 215～772 | 480～1,580 | 1,122～5,006 |
| ラゴス (ナイジェリア) | 116以上 | 2,710 | 4,500 |
| ヨハネスブルク<br>(南アフリカ共和国) | 2,598 | 5,514 | 5,193 |

ジェトロ：国・地域別情報（J-FILE）をもとにNRI作成

指定された産業に関する工場を設立する場合は、中国アフリカ開発基金が工場設立の際に出資・融資を行っている事例が北部・南部アフリカを中心にみられるようになってきている。

　中国からアフリカをみるという視点は確かに日本企業がこれまで蓄積してきた中国での投資を考えると有効な選択肢の一つとして考えられる。他方で、中国の生産拠点としての存在感が薄らいでいるため、中国で生産しアフリカに輸出するという観点だけではなく、現地製造拠点とそれに紐づく物流網を中国企業と共有することで投資効率を高めるという観点を視野に入れておかなくてはならない。アフリカ市場はいまだ成熟しているとは言えず、これからの成長市場である。だからこそ、短期的視野ではなく、中長期的視野で他国企業との連携を考え、日本政府だけではなく連携先企業を通じた他国政府の優遇制度の活用を積極的に行っていくことが有効と考えられる。

④現地での製造可能性の模索

　多くの業界において将来に向けた検討となる可能性が高いが、現地での製造可能性についても模索しておくことが必要である。また、業界によっては、将来の話ではなく、直近の課題として、アフリカ各国の製造業のレベルをしっかりと把握しておかなくてはいけない場合もある。例えば、バス・トラック等の商用車については、現地の製造業のレベルを把握した上で、アフリカ事業の拡大を検討することが他業界よりも強く求められる。商用車は、多くの国において、バスの客席部分やトラックの荷台部分は現地企業が製造する。現地の製造業のレベルが低いがために、客席部分・荷台部分の強度が不足し、事故が起きた時の安全性の確保に影響を与える場合もある。

　特にグローバル企業にはグローバルサプライチェーンの管理が社会から強く求められる世の中になった今、アフリカ市場においても、見て見ぬふりでは済まず、経営リスクとして対応策を打つことが必要になってきている。

　こうした観点からも、アフリカ地域内のどの国が製造拠点として優れているのかを見定めておく必要がある。また、これは後述するアフターサービスを検討する際にも重要な視点になると考えられる。

　さて、それでは、アフリカ54カ国の中で、製造拠点として優れている国を抽出するにはどうすればよいのだろうか。NRIでは、「電力・通信インフラ整備状況」、「港湾整備状況」、「空輸インフラ整備状況」、「ローカルサプライヤーの数」、「ローカルサプライヤーの質」という5つの視点から独自の指標を作り、各国の製造拠点としての適性を分析した。結果として、現時点での上位5カ国としては、南アフリカ、ケニア、エジプト、チュニジア、アルジェリアが抽出された。特に、南アフリカは政府が国策で製造業強化を一貫して進めているだけあり、その中でも群を抜いている。

　なお、モロッコについては南アフリカの次に製造拠点としての適性が高いものの、EUの環境規制が適用され、ハイエンド向け製品の製造に限定される可能性があるため、製造拠点候補国から除外している。また、セネガルも指標だけを見ると上位にあがってくるものの、一部の企業による農業・水産業に関連した食品加工・水産加工や現地で採れる原材料を活用した化粧品等、業界が限られているため、本章では除外をした。さらに、繊維等の軽工業分

野に限るのであれば、エチオピアやモーリシャスといった国も候補としてあがってくると考えられるが、製造業全般という視点で見ると、上位5カ国には及ばないのが現状であると考えられる。

そのため、直近でみれば、これら上位5カ国を製造拠点候補国として考え、業界ごとの現状を見極めていくことが必要となる。他方で、今後のアフリカの成長を考えたときに、製造拠点として名前があがってくるのはどこだろうか。GDPに占める製造業の割合と、過去10年における製造業GDPの平均変化率をみると、製造拠点としてのポテンシャルが大きい国を抽出することができる。

この二軸から分析すると、政府が製造業を重視しており、工業化スピードが速いのは、DRC、ブルンジ、マラウイの3カ国であり、これらの国の今後の動向は注目すべきだと考えられる。また、現時点での製造業比率は低いものの、工業化スピードが速いのはアンゴラである。アンゴラは、国策として輸入代替工業化を重視しており、実際に丸紅は繊維工場のリハビリテーションに関与している。他方で、第3章に記載した現地政府の政策実行力ランキングにおいては、アフリカの中でも下位の順位となっているとともに、直近の原油価格の下落により、政府の予算も大幅に削減されているため、今後の見通しがつきにくい状況にあるので、製造拠点として検討する際には注意が必要である。

次に、製造拠点として適した国を見極めた上で実際に工場の建設を考える際には、自社単独で製造工場を建設することを考えるのではなく、現地企業との連携を考える必要がある。先ほどはアフリカ54カ国の比較として比較的製造業に適した国を選定したが、実際には最も製造拠点としての適性が高い南アフリカにおいても、製造工場の建設は難しい。なによりも難しいのが技術を有する人材の確保である。そのため、外資企業が南アフリカにおいて工場を建設する際には、既存の工場を買収し、人材ごと確保してしまうといった手法がよくとられる。従って、アフリカで現地製造を実現するためには、製造能力を有する企業と提携をする、もしくは買収し、その上で技術支援を行っていくことが現実的だと考えられる。

具体的には、現地製造を実現するため、3つのステップを踏むことが望まし

図表5-11 現地製造を実現させるためのステップ

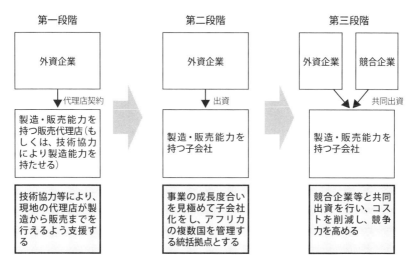

い(図表5-11)。まず、第一段階は、製造・販売能力を持つ販売代理店を探すということである。もしくは、中長期的に検討を行っていくのであれば、販売代理店の中でも意欲が高い企業に技術協力を提供し、製造能力を高めていく。同じ業界で製造能力を持つ企業が見つかれば理想的ではあるが、アフリカ市場においては他業界の製品に関する製造能力を有する企業が見つかるだけでも十分である。

なお、最初は組み立て工場等から始めていくことになると考えられるが、その際、工場建設に必要な資金についても、日本企業が資金拠出するのではなく、販売代理店に資金拠出を促すことが必要である。日本企業の製品の販売を任せている企業であれば、資金も比較的確保しやすい。こうしたステップを取ることで、日本企業はリスクを最小限に抑えながら、本当に現地製造が可能かどうかを見極めることができる。

第二段階では、製造・販売能力を有した代理店に出資を行うことで、子会社化する。注意すべきなのは、そのタイミングである。技術的なすり合わせが十分にできているかどうかといった技術面だけではなく、当該国の市場や近隣国の市場における需要が十分に高まっているかどうかを、製品の販売面

からも見極めることが必要である。理想的には製造・販売能力を有する代理店が、周辺国を含めた面的展開を成功させつつある段階が望ましい。代理店が出資に難色を示す場合は、合弁会社を作るといった選択肢も考えられる。

第三段階では、競合企業に共同出資を持ちかける。これは、アフリカ市場以外の新興国市場においてもよく行われる手法である。新興国市場は成長市場であるため、リスクを最小限に抑えつつも、ビジネスチャンスを逃さないことが重要である。また市場のシェアを確保することだけではなく、市場全体を成長させていくことが必要となる。そのため、競合企業と原材料調達・製造・販売／物流網を共有することによって、製造の効率化を実現させるだけではなく、市場を拡大することが有効な手法として取りうるのである。

業界によっては、第二段階を省略し、第三段階から始めることも考えられる。もちろん、理想的には同じ業界ではあるが、製品群でみると競合製品が少ない企業と連携することが望ましい。しかし、それよりも大事なのが、アジアを始めとした他の新興国市場において、同様の連携に取り組んだ経験があるかといった視点である。すでにインド市場をはじめ、南米市場等でもこうした競合間での連携の数は増えてきている。アフリカ市場のみならず、新興国全体で連携を行えるような企業を探すことで、成長市場において現地製造を実現する手法を確立することが、結果としてアフリカ市場での現地製造の実現可能性を高めることにつながると考えられる。

## 2 販売戦略の再構築

販売戦略においては、個別の代理店を支援していく段階的な進出戦略、複数カ国に対する販売網を有する代理店への一括契約を行う面的進出戦略の2つが考えられる。なお、アフリカ市場においては、ローカライズした製品のアピール、金融サービスや他製品・サービスとの組み合わせ等の販売手法も販売戦略上重要な観点となるが、本章ではチャネル戦略に絞って記載する。

### ①個別の代理店を支援していく段階的な進出戦略

まず、アフリカで事業を進める際に重要となるのが、代理店の選定である。自社内に複数の製品カテゴリーを有しており、なおかつ一般消費者向け製品

に重点を置く場合は、主要国に現地法人を置き、各国の小規模代理店が地道な営業活動を行えるように管理していくというやり方が有効だと考えられる。ただし、一般消費者向け製品の需要は国によってはまだ成熟していないため、対象国は一定の経済成長が実現する特定国に限られる。

　もちろん、一足飛びに現地法人を設立するのは現実的ではない。まずは各国の代理店に対する支援を行い、その中でも優れた代理店に該当国内の複数地域への展開、倉庫等の設備の設置、また近隣国への展開やそのために必要な保税倉庫等の設置や物流網の構築を促す。そして、事業規模が大きくなってきた時点で現地法人を作るのが現実的である。ただし、これまでにもアフリカの主要国に代理店を設置してきた企業は多く存在するが、実際には何らかの縁で代理店を任せている場合も多く、その管理も十分に行えていない場合が多い。そのため、まずはこうした代理店に対する技術支援や、統一した営業戦略・ツールの作成、インセンティブ制度の構築等が必要になってくると考えられる。

　なお、現地法人を設立する理由は、代理店の管理を行いやすくするとともに、現地のチャネルの変化に応じて営業戦略や代理店の見直しを行いやすくするためである。アフリカ地域においては、市場が発達するとともに大衆向けショッピングセンターが増える等、一般消費者向けの流通構造が大きく変わっていく。そのために、主要国各国に現地法人を置くことで、そうした変化に柔軟に対応していく必要がある。

　他方で、現地法人を設立する際に重要なのは、代理店の反発を買わないように工夫することである。一般的に、代理店は現地法人の設立を嫌がることが多い。日本企業が現地法人を設立することで、直販ルートができ、自分たちの事業が縮小することを懸念する。代理店に誤解をされた場合、下手をすると、現地政府と組んで現地法人設立を妨げる可能性すらある。そのため、現地法人を設立する際には、すべてを直販にするという決断をしたのでなければ、下手に直販を行うのではなく、代理店支援に特化したほうが良い。例えば、現地法人についても、サービスセンターやサポートセンターといった名称にする等、代理店の誤解を生まないような形式で設置をすることが重要である。

②他業種であってもアフリカで販売網を有する企業に一括契約

次に、複数カ国展開の実現可能性を重視して代理店を選定するという選択肢がある。これは、特にB2B、B2G製品を有する企業に効果的な手法である。なぜならば、アフリカにおいては、B2B、B2G市場で十分な実績を有している企業は少ない一方で、調達元となる現地政府や企業が実績を評価項目として設定していることが多いからだ。そして、その場合には、同一国でなくても、近隣国や同じ経済共同体内等、共通点のある国での実績が評価対象となり、競争優位性を高めることができる場合が多い。

他方で、先述したとおり、最初から複数国に展開している代理店の数は少ない。ケニア・タンザニアといったEACの主要国、南アフリカにおいて増えてきているものの、その数には限りがある。自社の業界に関する専門性を持っている代理店となれば、それこそ見つけることは困難であるばかりか、現時点では存在しないという可能性もある。

そうした状況下で、比較的見つけやすいのは、自動車関連の代理店である。アフリカ市場においては、自動車関連の代理店でも、主要な顧客は現地政府や事業者であることが多く、そこに一般消費者への販売を兼ね備えている状況である。また、自動車関連市場はアフリカ各国において一定の規模を有しているため、一つの代理店が複数カ国に対する販売網を有している場合も多い。そのため、自動車業界以外の企業であっても、自動車メーカーの代理店にアプローチし、自社製品の取り扱いの可能性について交渉していくといったことが考えられる（図表5-12）。

### 3 アフターサービス戦略の再構築

製造業にとってアフターサービスは重要な要素であるが、実際にはアフリカ市場においてアフターサービスをしっかりと行えている企業は少ない。そのため、アフターサービスに力を入れることにより、製品切り替えを促すような顧客への細やかな対応を行うことで差別化をするといったことが、事業拡大のために有効な手段となりうる。

**図表5-12　自動車メーカー等の代理店へのアプローチ**

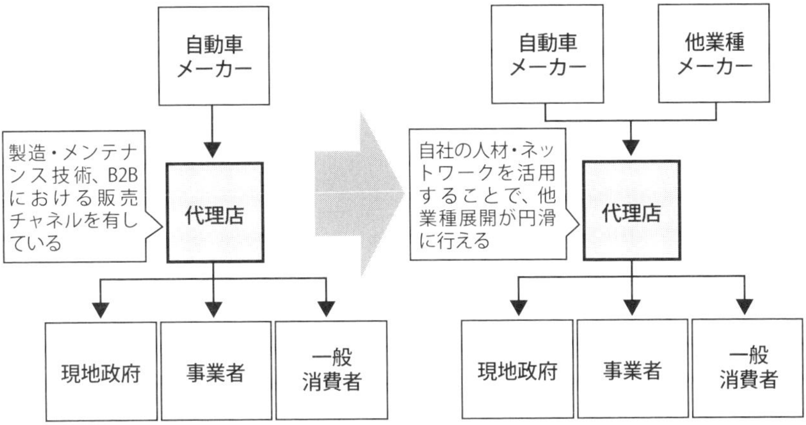

### ①アフターサービスから製品切り替えを促す

　アフリカにおいて、アフターサービスを重視する際には、先進国以上に企業の独自投資が大きくなる場合が多い。製造拠点の選定の項でも記載したが、アフリカではアジアと比較しても教育水準が低く、初等教育レベルから人材育成を行っていくことが必要となるためである。他方で、こうした市場において、技術力を有するエンジニアを抱えておくことは、アフターサービスを活かした顧客の新規開拓に直結する。先に市場に浸透している製品ブランドの利用者に対してアフターサービスから接点を作り、製品切り替えを促していくといった手法は非常に効果的である。

　アフリカにおいては、アフターサービスは、自動車を含めた様々な分野でBoP層が小規模に展開するビジネス形態として主流のものとなっている。こうした技術者が南アフリカや米国、もしくはメーカー等のメンテナンスサービスに関する資格を得て、技術力を向上し、代理店としての力をつけていくという傾向がみられる。企業は彼らを積極的に支援していくことで、アフターサービス網を強化し新たな顧客を獲得するだけではなく、既存の大口顧客を競合から守ることもできる。

　例えば、公的機関の中には、設備機器をグローバル企業から調達した場合

**図表5-13 アフリカ開発銀行東アフリカリソースセンターにおける空調機器メンテナンスサービス事業の応募条件**

- アフリカ開発銀行のメンバー国発祥の企業であること
- 財務監査を直近3年間受けており、年間売上が2000万ケニアシリングあること
- 最低3年間の類似事業の経験があること
- 最低3件の類似のプロジェクトに関して、主体企業としてプロジェクトを成功させていること
- キャリアのパートナー資格があること（導入している機器がキヤリア社の機器のため）

(出所) African Development Bank Group Eastern African Resource Center "REQUEST FOR PROPOSAL FOR PROVISION OF MAINTENANCE SERVICES FOR AIR CONDITIONING UNITS AT THE EASTERN AFRICA REGIONAL RESOURCE ENTER - NAIROBI" をもとにNRI作成

に、メンテナンスサービスに関して別途公募をかける場合がある。そのため、企業としてはそうした際に自社のメンテナンス技術に関する独自資格を仕様に加えるように工夫を行うことで、他社の付け入るすきを排除することができる。具体例としては、空調機器メーカーのキヤリア社の取り組みがあげられる。彼らが独自に設定しているパートナー資格の有無が、国際機関のメンテナンスサービス事業の応募条件に組み入れられている例が存在する（図表5-13）。

従って、アフリカ市場といえども、すでにアフターサービスを充実させていくことが競争力を向上させるために必要となってきている。アフターサービスの質を向上させるためには、アフリカ地域内でも比較的強化しやすい国を選定し、その国をアフターサービス強化国とし、アフリカ地域内でのアフターサービスの整備手法を確立した上で、トレーニングセンターを設立する。その後アフリカ地域内の他国の技術者を呼び寄せトレーニングを実施し、最終的にはトレーニングセンターを増設していく、といった手順を取ることが有効だと考えられる。

それでは、比較的アフターサービスを強化しやすい国はどのように選定すればよいだろうか。製造業のレベルと技術力の高さには共通点があるということから、製造拠点を選定する際の考え方を用いるのが一つの手法であるが、

ここでは別の切り口での選定方法を紹介する。それは、各国の識字率の高さ、IFCによる製造業への投資有無、民間企業による技術者育成の有無の3つの切り口の組み合わせによる選定である。

まずは識字率の高さというアフターサービスにとっての最低条件を満たしているかどうかを確認する。その上で、民間金融機関が投資できない領域に積極的に投資を行うIFCがこれまでに対象国の製造業に投資しているかどうかを確かめて、一定の技術者が存在する国かどうかを判断する。その後、絞られた国に対して、実際に民間企業による技術者育成が行われているかどうかを調べて最終的な優先順位を決める。この選定方法を用いた場合、アルジェリア、カメルーン、DRC、エジプト、ガーナ、ケニア、モロッコ、ナイジェリア、南アフリカ、タンザニア、チュニジア、ウガンダが対象国候補として抽出される。こうした国々をアフターサービスの中核拠点として設定することが望ましい。

また、中国企業が製造拠点として重視しているエチオピアもアフターサービスの中核拠点として注目されるが、現状では基礎教育が行きわたっていないため、企業が基礎教育から人材育成を行うか、もしくは基礎教育部分を担当してくれる現地の政府機関・学術機関・先進国援助機関等との連携が必要となる。実際に、LGは韓国の援助機関KOICAと連携し、基礎教育を含めた人材育成に関する取り組みをエチオピアで実施している。

アフリカの多くの国において、現地の政府機関・学術機関ともに、エンジニア養成のための教育プログラムには、非常に協力的である。また、こうした動きには先進国援助機関も協力しやすい。従って、現地の政府機関・学術機関・先進国援助機関等との共同プログラムにより、人の募集から、育成、資格の提供まで円滑に推進することができる（図表5-14）。こうした工夫により、競合他社が入り込みにくい国においてもアフターサービスを整備することができれば、競合に対する参入障壁を高め、先行者利益を多く得ることができるだろう。

②顧客への細やかな対応により差別化を行う

アフリカ市場においては、メーカーのコールセンターが海外に設置されて

**図表5-14　エンジニア育成プログラムの推進における
　　　　　　現地の政府機関・学術機関・先進国援助機関等との連携**

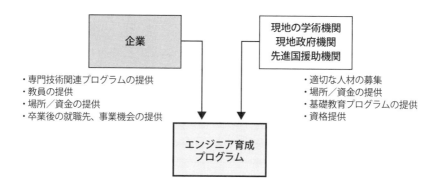

いることが多い。そのため、アフリカ各国においてコールセンターを設置し、顧客の不満等を吸い上げ、反映させることで競合との差別化が図りやすい。

　アフリカでは、今後コールセンターを含むBPO事業が急成長すると見込まれており、コールセンターの設置が急増すると予測される。アフリカでBPO市場が拡大している国は、南アフリカ、エジプト、モロッコ、ケニア、ガーナ、チュニジア、モーリシャスがあげられるが、中でもコールセンター等に注力している国はモーリシャスである（図表5-15）。

　モーリシャスは、アフリカの大手企業がリージョナルヘッドクォーターを設置しているアフリカのゲートウェイともいえる国である。また、現地政府としても、こうしたリージョナルヘッドクォーターやバックオフィス機能を積極的に誘致するために、各種税制面での優遇を行っている。モーリシャスは、アフリカでは珍しく英語・フランス語の双方を話せる人々が多く住む国であり、教育水準も高い。そのため、サブサハラアフリカ地域全体をカバーするコールセンターの拠点になりうる。まずは、アフリカ地域内にコールセンターを設けるという観点から、モーリシャスに設置をし、その後各国ごとに設置をしていくといった手順を取ることが有効な手法の一つとして考えられるだろう。

**図表5-15　アフリカにおけるBPO市場が拡大している主要都市と主要なBPO事業者**

| 国 | 主要都市 | 組織 |
|---|---|---|
| 南アフリカ | ヨハネスブルク、ケープタウン | Accenture, IBM, TCS, Atos |
| エジプト | カイロ、アレクサンドリア | Cisco, Google, IBM, Orange Business Services, Convergys, Xceed, Unisys |
| モロッコ | ラバト、カサブランカ | Accenture, TCS, Atos, HP/EDS |
| ケニア | ナイロビ | Kencal |
| ガーナ | アクラ | AG Solution, Softbase, ACS Services, GCNet |
| エチオピア | アディスアベバ | eVentive LLC, Altech Star BPO, Techno Brain, Praxis International |
| チュニジア | チュニス | Teleperformance, IBM, Stream |
| モーリシャス | ポートルイス、エベネサイバーシティ | Accenture, Infosys, Ceridian, AXA, TNT Orange |

(出所) Devin S. Parikh 他 "New Horizons of Business process outsourcing in africa,latin america & caribbean" を一部NRI邦訳

## コラム⑤ アフリカでの観光、サファリがおすすめ

　アフリカには観光産業が国の発展を支えている国が多くある。北アフリカのエジプトであれば古代遺跡の見学に観光客が集まってくるし、南アフリカにはケープ・ポイントやテーブルマウンテンといった観光名所や世界的に有名なワイナリーが多数存在し、欧州をはじめとする世界各国の人々を魅了している。また、モーリシャスは、日本の若者が新婚旅行で訪れるほど世界的に有名なリゾート地であり、マリンスポーツが楽しめ、アフリカの人々にとっても余暇を過ごす場所となっている。

　しかし、なんといっても、アフリカ出張の機会があれば、一度は経験したいのが、サファリだ。野生動物に興味があってもなくても、サファリ体験の感想は、ビジネスのアイスブレークの際のネタの一つとしても使えるようにしておきたい。

　日本人は身近に動物園やそれに類するサファリパーク等があるため、サファリについて訪問前は期待をしていない場合が多い。「せっかくだから寄ってみておくか」といった程度に考えている人も多いだろう。しかし、サファリを経験してみて感動する日本人は多い。動物園やサファリパークで動物を眺めるのとはまったく異なる経験ができるからである。例えば、背中に鳥をのせたシマウマの大群にあったり、何頭ものキリンが円を描くように警戒網を張っている光景に出合ったり、ライオンが寝ている場所の周囲1km圏内では一切の動物と出会わなかったりと、動物単体ではなく、複数種類の野生動物が形成する生態系を眺めることができるのである。

　日本人は真面目なので、「仕事で行っているのだから、サファリのような観光はするべきではない」と考える人もいるかもしれない。しかし、アフリカのような成長途中の市場においては、観光は大事な産業であり、重要な文化でもある。そうした文化に触れることも市場理解のためには必要不可欠だという認識のもと、ぜひ楽しんでほしい。その結果、アフ

リカが好きな日本人が増えていけば、日本企業によるアフリカ市場展開も円滑に進むようになることだろう。

# 第6章
# アフリカ主要5カ国の概況

本書においては、様々な切り口からアフリカ市場を分析し、日本企業にとってのアフリカ戦略の構築手法を提示している。アフリカ市場は多様で、見方によって大きくその姿を変える。そのため、ここまでは、市場の全体像を捉えることに紙面を割いてきた。他方で、これからアフリカを初めて訪問し、アフリカでの事業を検討しようという読者にとっては、アフリカの個別国の状況も気になるところだろう。

　そこで、参考となるように、アフリカの東西南北それぞれにおいて、日本企業が最初の一歩として踏み入れやすい国を5つ抽出し、それら5カ国の市場概況と外資規制等の基本的な制度を説明する。また、アフリカを初めて訪問する読者のために、アフリカ現地調査の事前準備について気をつけておくべき点を取りまとめて記載した。

　なお、対象の5カ国としては、エジプト、ケニア、タンザニア、南アフリカ、コートジボワールを抽出した。治安面や汚職・賄賂面で事業の推進が難しい資源国は外した上で、すでに一定の市場を有しているか、成長が著しい国を抽出している。どの国も、アフリカで事業を推進する日本企業が注目している国であるとともに、アフリカ市場の成長を支える国々である。

　初めてアフリカ市場担当になった担当者の方々に一読いただき、アフリカでの調査や事業の検討に関する心理的ハードルを下げることに貢献できれば幸いである。

## 1 南アフリカ〜中間層が台頭するアフリカ随一の経済大国

### 1　1人当たりGDPはタイ、インドネシアなどを上回る

　南アフリカはアフリカ地域において、日本企業の投資件数が飛びぬけて多い国であり、他のサブサハラアフリカとは別格といってよいほどの地位を築

き上げている。治安は良いとはいえないが、危険な地域を避けるとともに徒歩での移動を避け、自動車で移動することを心掛ければ、基本的な心配はいらない状況である。また、スタンダード銀行をはじめとした4大銀行やヨハネスブルク証券取引所などの金融システムが整っている。これらのことから、必要最低限のビジネスインフラが整備されているといえる。

　実際、自動車関連の工場をはじめとした日本企業の工場が複数立地しており、アフリカ域内、もしくは米国・欧州市場向けの製品の製造を行っている。トヨタ自動車を始めとした自動車業界の工場が集まるダーバンにおいては、輸出入のための港も整備されており、他地域・他国との物流網が整備されている。

　アフリカの中で中間層の台頭が注目されるようになったのも、南アフリカのブラックダイヤモンドと呼ばれる中間層が増加したことがきっかけである。黒人層の雇用や経営への参画、社会的貢献等に積極的な企業を政府調達等で優遇するBEE（黒人の経済力強化政策）を通じて優位な立場を築いた黒人層が、その機会を活かして所得を向上させていったのである。そのため、現在では富裕層・中間層市場が一定規模存在し、富裕層・中間層向けのショッピングモールも多く存在する。2014年時点での中間層人口は1000万人以上存在し、2030年には1400万人と現在の東京都の人口を上回る人数に達する見込みである。

　また、南部にある首都の一つ、ケープタウン周辺にはワイナリーが多く存在し、美味しい肉や魚も豊富にとれるほか、国際会議も多く行われ、観光需要も大きい。さらに、南アフリカは南部アフリカの要ともいえる国であり、ここに拠点を置き、ナミビアやジンバブエ、ボツワナといった周辺国に展開することで事業を拡大している企業や代理店は非常に多い。

　他方で、課題としては、ストライキの問題がある。鉱山関連のストライキが製造業にも波及するといった現象が起こり、人件費が高い国であるにもかかわらず、さらなる賃上げ要求が行われ、工場の運営がままならなくなることがある。また、HIV感染者が多い国でもあるため、企業がその対応を率先して行うことが求められる。こうした課題はあるが、やはりアフリカ随一の経済大国として、日本企業にとっては大きな魅力がある国である。

名目GDPの推移を見ても、ここ数年は成長力が落ちていることと為替の影響を受けているものの、現在のアフリカにおいて最大規模を誇る国であり、IMFの推計による2014年時点の名目GDPにおいて、アジアのベトナム、フィリピンを上回り、マレーシアとほぼ同等の約3500億ドルに達している。国の豊かさを表す1人当たりGDPにおいても、2014年時点ではタイ、インドネシア、ベトナム、インドを上回る約6482ドルに達している。

　GDPにおける製造業比率については、ここ10年間は減少傾向にあるものの、2013年度の名目GDPにおいて製造業が占める額は約453億ドルと、中東からの資金が流れてくるエジプトをも超える額に達している。これは、産油国であり、名目GDPで南アフリカを上回るナイジェリアの4倍以上の額になる。この背景としては、南アフリカ政府が積極的に自国の製造業を成長させるための政策をとってきたことがあげられる。自国産業を保護するために高い輸入関税等を設ける一方で、自動車業界をはじめとして自国の産業を発展させる海外からの投資に対しては助成金を支給する、もしくは関税を緩和する等の対応により、自国での生産と雇用を拡大するメーカーとともに製造業を発達させてきたのである。これまで自動車業界を中心にこうした政策がとられてきたが、今後は一般的な耐久消費財にも横展開されていくことが予想される。

　南アフリカにおける主要市場を、他国から輸入している品目の状況から紐解くと、2014年度においては石油燃料をはじめとした鉱物性生産品（資源）、次に建機をはじめとする一般機械・電気機械が多い。これまでの各品目の輸入量の変化率から5年後の2020年までの主要品目を推測すると、現在の主要

**図表6-1　南アフリカにおける主要な輸入品目**

| | 2014年度 | 2014～2020年度における変化 |
|---|---|---|
| 南アフリカが他国から輸入している主要品目 | 鉱物性生産品（資源）、一般機械・電気機械 | 大きな変化はないと予想される |
| 南アフリカが日本から輸入している主要品目 | コモディティ商品、輸送機械、一般機械・電気機械 | 大きな変化はないと予想される |

（出所）ITC "Trade Map"（2015）をもとにNRI作成

### 図表6-2 南アフリカ市場主要データ

| | |
|---|---|
| 人口<br>（2015⇒2020⇒2025⇒2030,千人） | 53,491⇒55,131⇒56,666⇒58,096 |
| 主要都市と人口（百万人） | ヨハネスブルク 3.844、ケープタウン（立法府所在地）3.562、エクルレニ都市圏 3.357、ダーバン 3.012、プレトリア（行政府所在地）1.501、フェリーニヒング 1.2、ブルームフォンテーン（司法府所在地）0.468（2011） |
| 中間層人口<br>（2015⇒2020⇒2025⇒2030,千人） | 10,952⇒12,245⇒13,131⇒14,082 |
| 名目GDP（2014,10億ドル） | 350.082 |
| IFCによる投資実績（～2010） | 宿泊施設・観光、農林水産、化学、教育、金融、食品・飲料、医療、工業製品・消費財、情報通信、オイル・ガス・鉱物、第一次金属、公共設備 |

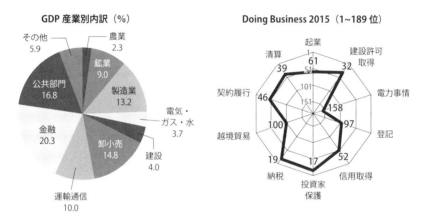

（出所）世界銀行グループ "Doing Business 2015" 他、公開資料をもとにNRI作成

品目に大きな変化はないと考えられる（図表6-1）。

　また、南アフリカが日本から輸入している額は、2014年度において輸入全体の約3.8％にすぎないが、この10年間40億ドル前後を維持しており、今後も少なくとも同規模を維持し続けると考えられる。主要品目としては、コモディティ商品の次に、輸送機械として乗用車・自動車部品・トラックが続き、その後に一般機械・電気機械として事務機器・建機・工場等で使用される産業用機械等があげられる。これまでの各品目の輸入量の変化率から5年後の

**図表6-3 南アフリカ共和国における外資規制等の基本的な制度**

| 窓口機関 | | 貿易産業省<br>(Department of Trade and Industry) |
|---|---|---|
| 外資に関する規制 | 規制業種 | 銀行/保険など金融業は政府の認可が必要。また外国人による新設銀行の株式保有は15%に制限されている。<br>通信事業は南アフリカ通信規制局の認可、鉱業は鉱業省の認可が必要。 |
| | 出資比率 | 鉱業、銀行といった一部の業種を除き合弁企業設立の際、その出資比率に関する規制はない。 |
| | 土地所有 | 外国企業の土地所有について特に制限はない。ただし、土地の売買は土地譲渡法で規制されており、土地購入条件として、現地事業体であること等がある。土地購入手続きは一般的に2～3カ月かかる。 |
| | 資本金に関する規制 | 特になし |
| 税制 | 法人税 | 28% |
| | (日本との)二国間租税条約 | あり |
| | その他税制 | 付加価値税、個人所得税、印紙税、移転税、地方サービス税、技能開発税、キャピタル・ゲイン税、他がある。 |
| 外国企業の会社設立手続き等 | | 会社設立は、会社法に基づく。同法は南アフリカ企業のみならず、南アフリカ国内で活動を行うすべての外国企業の子会社や支店・支社、駐在員事務所にも適用される。なお「現地法人」は、南アフリカ企業としてみなされ、「支店」、「駐在員事務所」は外部会社としてみなされる。<br>外国企業が南アフリカに進出する場合の形態は、「1. 現地法人」「2. 外部会社：(1) 支店、(2) 駐在員事務所」。それぞれに義務や特徴、手続きが定められている。 |

2020年までの主要品目を推測すると、現在の主要品目に大きな変化はないと考えられる。建機に限らず、事務機器や産業用機械等の日本からの輸入が多いのが南アフリカの特徴であり、商業ビル・工場向けの事業が十分に成り立つことを表している。

さらに、IFCによる投資実績をみると、宿泊施設・観光、農林水産、化学、教育、金融、食品・飲料、医療、工業製品・消費財、情報通信、オイル・ガス・鉱物、第一次金属、公共設備 に対して投資を行っている。こうした市場はすでに市場が確立しつつあり、関連する市場が今後成長していくと読み取

ることができる（図表6-2）。

 以上のことから、南アフリカはすでに確立された市場であるとともに、日本企業にとってもこれまでのグローバルビジネスの延長上として捉えやすい市場であるといえる。アフリカへの進出を試みようとする企業にとっては、先進国市場やアジア市場とサブサハラアフリカ市場との間に位置する国として必ず訪問し、アフリカの動向を把握するための拠点を確立、もしくは現地パートナーを確保しておくべき国だといえる。

### 2 外資規制は厳しくなく、わかりやすい

 南アフリカ共和国は、他のアフリカ各国に比べても、外資規制がそれほど厳しくなく、また比較的整備されておりわかりやすいという特徴がある。規制等においても、土地の売買は土地譲渡法で、会社設立は会社法で規定・明記されている。なお、現在の会社法は、「73年会社法」の改正法であり、2011年5月から発効している（図表6-3）。

 窓口機関である貿易産業省は、南アフリカで事業を行う上で、南アフリカでのビジネスの方法、企業を設立するための要件、様々な企業形態の詳細に関するサービスを含め様々なサービスを提供している。

## 2 エジプト～中東各国との共通点が多く、市場規模が大きい

### 1 中間層人口はアフリカ最大で製造業比率が高い

 エジプトは、南アフリカと同様に、アフリカにおいてサブサハラアフリカの国々とは別格といってよいほどの地位を築き上げている。地理的にも文化的にもサブサハラアフリカの国々よりも中東各国との共通点が多く、単一国市場としても規模が大きい。スフィンクスやピラミッドをはじめとする観光

**図表6-4　エジプトにおける主要な輸入品目**

| | 2014年度 | 2014～2020年度における変化 |
|---|---|---|
| 他国から輸入している主要品目 | 鉱物性生産品（資源）、一般機械・電気機械 | 乗用車等の輸送機械の輸入額が一般機械・電気機械の輸入額を上回っていくとともに、電化製品の輸入額も一般機械・電気機械の輸入額と同規模の額に成長していく可能性がある |
| 日本から輸入している主要品目 | 輸送機械、ゴム等の素材 | 鉄等の素材の日本からの輸入が増え、他の主要品目を上回っていく可能性がある |

（出所）ITC "Trade Map"（2015）をもとにNRI作成

資源を豊富に有することから、世界各国から観光客が集まり、観光産業の規模も大きい。

近年では治安上のリスクは高まりつつあるものの、随時現地の情報を収集することによって、危険な場所を避けることは難しくない。また、GDPにおける製造業比率も高く、名目GDPにおいて製造業が占める額は南アフリカには及ばないものの、それに近い額となっている。実際、日本企業でもエジプトに製造工場を作る企業は多い。

2014年時点では、中間層人口はアフリカ地域で一番多く、唯一2000万人を超え、約2632万人という巨大な中間層市場を有している。2030年には中間層市場は約3200万人に達すると予測され、当分の間アフリカ地域の消費を引っ張る存在であり続けるだろう。こうしたエジプトがサブサハラアフリカ市場への影響力を高めていくかどうかは、今後の経済共同体の動向によって大きく変化すると考えられる。

エジプトが参画しているCOMESAはアフリカ最大の経済共同体であるものの、参加国が多いがゆえに機能不全に陥っている状況である。また、EACやSADCといった他の経済共同体と参加国が重複しているといったこともあり、参加国から機能の活性化をあまり期待されていない状況にもある。他方で、アフリカではEAC、SADC、COMESAの3つの経済共同体を連携させる計画や3つの経済共同体にまたがる巨大インフラを建設する計画も打ち出されており、こうした計画が実際に動くようであれば、状況は大きく変わると考えられる。

**図表6-5 エジプト市場主要データ**

| 人口<br>(2015⇒2020⇒2025⇒2030,千人) | 84,706⇒91,062⇒96,989⇒102,553 |
|---|---|
| 主要都市と人口（百万人） | カイロ（首都）11.169、アレキサンドリア 4.494（2011） |
| 中間層人口<br>(2015⇒2020⇒2025⇒2030,千人) | 26,761⇒29,026⇒30,443⇒31,929 |
| 名目GDP（2014,10億ドル） | 286.435 |
| IFCによる投資実績（〜2010） | 農林水産、化学、金融、医療、非金属鉱物製品製造、パルプ・紙、繊維・衣料、輸送・倉庫 |

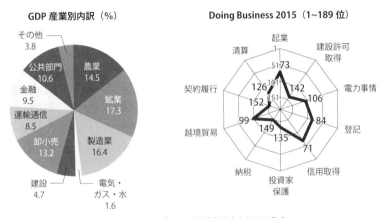

(出所) 世界銀行グループ "Doing Business 2015" 他、公開資料をもとにNRI作成

　エジプトにおける主要市場を他国から輸入している品目の状況から紐解くと、2014年度においては、石油燃料をはじめとした鉱物性生産品（資源）が最も多く、次に、建機をはじめとする一般機械・電気機械が続く（図表6-4）。これまでの各品目の輸入量の変化率から5年後の2020年までの主要品目を推測すると、2020年には乗用車等の輸送機械の輸入額が一般機械・電気機械の輸入額を上回っていく可能性があるとともに、電化製品の輸入額も一般機械・電気機械の輸入額と同規模の額に成長していくと考えられる。

　また、エジプトが日本から輸入している額は、2014年度において輸入全体の約2％に過ぎないが、額としては15％弱の成長を続けると考えられる。

2020年には2014年比で約225％の額に成長すると考えられる。主要品目としては、乗用車等の輸送機械が最も大きく、次にゴム等の素材があがってくる。これまでの各品目の輸入額の変化率から2020年までの主要品目を推測すると、急速に鉄等の素材の日本からの輸入額が増えてきていることから、現在の主要品目を上回っていく可能性があると考えられる。

さらに、IFCによる投資実績をみると、農林水産、化学、金融、医療、非金属鉱物製品製造、パルプ・紙、繊維・衣料、輸送・倉庫に対して投資を行っているため、すでにこうした市場が確立しつつあり、関連する市場が今後成長していくと読み取ることができる（図表6-5）。

以上のことから、エジプトはすでに重要な進出国の一つとなっているだけでなく、今後日本企業にとって重要性はますます高まっていくことだろう。しかし、現時点では中東・北アフリカ市場における重要拠点に留まっており、サブサハラアフリカ市場に対する影響力は限定的である。今後、COMESA等の経済共同体の動きがどうなっていくかによって、アフリカ地域におけるエジプトの位置づけが変わっていくこととなるだろう。

## 2　外資規制では代理業法に注意が必要

エジプトは、出資や土地所有に関して外資に対して特別かつ大きな規制を設けていない特徴がある（図表6-6）。他方、エジプトで商売を行う際には、商業代理業法に注意が必要である。商業代理業法は、自国の代理店を保護する目的で、規制業種に商業代理業を設定していたり、会社設立等において商行為や商業代理活動に大きく影響していたりする。

特に、エジプト人または100％エジプト資本の法人を採用すること、採用した代理店および代理店契約を輸出入管理公団に登録することが義務付けられている。また、代理店契約の解除については、原則として代理店に契約違反があった場合に限り可能であり、それ以外の場合は、代理店に対して金銭的な補償を行う必要があるなど厳しく規定されている。

**図表6-6　エジプトにおける外資規制等の基本的な制度**

| 窓口機関 | | エジプト投資・フリーゾーン庁<br>(General Authority for Investment and Free Zones) |
|---|---|---|
| 外資に関する規制 | 規制業種 | 商業代理業については商業代理業法により、商業目的の輸入については輸入者登録法により規定される。すなわち、商業代理業務および輸入業等は、個人はエジプト人、法人は自国資本100%の企業（いずれもエジプト国籍を取得した場合は10年以上経過していること）に限定される。 |
| | 出資比率 | 100%まで出資可能。投資保護・優遇措置法・会社法のいずれかに基づいて設立された企業も外国資本の100%出資が認められる。 |
| | 土地所有 | 投資保護・優遇措置法により、出資者の国籍・居住地・出資比率にかかわらず会社・組織の活動に必要な用地・建物の権利が認められる。 |
| | 資本金に関する規制 | 〈株式会社の最低資本金〉<br>株式を一般公募する場合の発行株式資本金最低額：50万エジプト・ポンド。株式を一般公募しない場合の発行株式資本金最低額：25万エジプト・ポンド。<br>〈有限会社の最低資本金〉<br>特になし。投資大臣令にて設立者間で自由協議の上設定するとされている。ただし、保険、銀行、預金、投資分野での設立は不可。 |
| 税制 | 法人税 | 通常20% |
| | （日本との）二国間租税条約 | あり |
| | その他税制 | 個人所得税、販売税等がある。 |
| 外国企業の会社設立手続き等 | | 外国企業の事業形態には、駐在員事務所、支店事務所、株式会社、有限責任会社がある。会社法、投資保護・優遇措置法などを根拠として設立が可能。<br>駐在員事務所は、商行為や商業代理活動を行うことはできない。エジプト政府機関から、自社製品に関するサービス施設をエジプト国内に設置することを求められた場合には、商業代理業法をもとに設立する。<br>エジプト企業とエジプトで事業を遂行するという契約を締結している場合、支店事務所を登記できる。その際、契約の範囲内で、商業、金融、産業、建設活動などを行うことができる。 |

(出所) ジェトロウェブサイト他、公開資料をもとにNRI作成

# 3 ケニア〜経済成長が進んでいる東アフリカのハブ国

### 1 人・モノ・カネが集まるハブ機能の強さが魅力

　ケニアは東アフリカで最も経済成長が進んでいる国であるとともに、空路においては東アフリカのハブとなっている国である。ここ1〜2年はテロ等により、治安が心配されており、実際現地で行動するときには注意するに越したことはないが、安全な地域においては徒歩での移動も問題ないため、アフリカ内の他国と比較すると企業活動も行いやすい。

　ビジネス活動を支える重要な要素である金融・流通においては、ケニアの現地企業が東アフリカ全域に事業を展開し始めており、ケニアを中心とした経済圏が確立しつつある。また、通信業も発達しており、ボーダフォングループとケニア政府の合弁会社であるサファリコムが開発した携帯電話を利用した送金サービスであるM-PESAは、個人間の送金のみならず、個人と企業、企業同士の取引を活性化させた。今では、M-PESAの利用実績を活用してマーケティングの見直しを図るCRMサービスを展開する企業も現れている。

　ケニアはアフリカの中でも起業家を支援する取り組みが多い国として有名であり、iHub等の起業家が集うハブ空間も増えてきている。また、ストラスモア大学の＠iLab Africa等、学術機関がサムスン・ボーダフォン等のグローバル企業と連携して新製品の開発に取り組む動きも増えてきている。このように、携帯電話網を基盤とした新しいビジネスインフラの確立、新たな企業や事業を生み出す場の創出がなされているケニアは東アフリカで最も経済発展が期待される国であり、実際に中間層人口も2030年までに1000万人を超える勢いで増加をし続けている。

　他方で、いくつか課題も存在する。例えば、ナイロビは内陸都市であり、海上輸送を利用した場合、港のあるモンバサからナイロビまで輸送をしなくてはならない。モンバサはナイロビと比較すると治安上の問題も多く、モンバサ・ナイロビ間の道路も十分に整備されていないため、物流コスト・時間

双方の点から海に面する国としてのメリットを生かせていない状況にある。さらに、水力発電が主要電力を担っているため、天候の影響も受けやすく干ばつ時には電力供給が滞るリスクも高い。また、残念ながら製造業もあまり発展していない。

2013年度の名目GDPにおいて製造業が占める額は約59億ドルと製造業が発達している南アフリカと比較すると1桁額が小さい。自動車メーカー各社が現地での組み立ては行っているものの、実態は委託生産であり、最近になって二輪車の組み立て工場ができ始めたといった状況に留まっている。こうした課題はあるものの、個別国としての市場の大きさ・成長スピード、東アフリカにおける人・モノ・カネが集まるハブ機能の強さは非常に魅力的であり、東アフリカでの事業を検討する際には必ず対象国の一つとなることだろう。

ケニアにおける主要市場を他国から輸入している品目の状況から紐解くと、2014年度においては石油燃料をはじめとした鉱物性生産品（資源）の次に建機をはじめとする一般機械・電気機械が多い。これまでの各品目の輸入量の変化率から5年後の2020年までの主要品目を推測すると、2020年には電化製品の輸入額が一般機械・電気機械の輸入額と同様の規模に成長すると考えられる。

また、ケニアが日本から輸入している額は、2014年度において輸入全体の約5％に過ぎないが、額としては14％弱成長を続けると考えられる。2020年には2014年比で約220％の額に成長すると考えられる。主要品目としては、乗用車等の輸送機械が最も大きく、次に鉄等の素材があがってくる。これま

**図表6-7　ケニアにおける主要な輸入品目**

|  | 2014年度 | 2014～2020年度における変化 |
|---|---|---|
| 他国から輸入している主要品目 | 鉱物性生産品（資源）、一般機械・電気機械 | 電化製品の輸入額が一般機械・電気機械の輸入額と同様の規模に成長する可能性がある |
| 日本から輸入している主要品目 | 輸送機械、鉄等の素材 | 鉄等の素材に関する輸入額が輸送機械の輸入額を上回る可能性がある |

（出所）ITC "Trade Map"（2015）をもとにNRI作成

**図表6-8　ケニア市場主要データ**

| 人口<br>（2015⇒2020⇒2025⇒2030,千人） | 46,749⇒52,906⇒59,386⇒66,306 |
|---|---|
| 主要都市と人口（百万人） | ナイロビ（首都）3.363、モンバサ 0.972（2011） |
| 中間層人口<br>（2015⇒2020⇒2025⇒2030,千人） | 7,683⇒8,832⇒9,848⇒10,981 |
| 名目GDP（2014,10億ドル） | 60.77 |
| IFCによる投資実績（～2010） | 宿泊施設・観光、農林水産、化学、教育、発電、金融、食品・飲料、第一次金属、パルプ・紙、繊維・衣料、輸送・倉庫 |

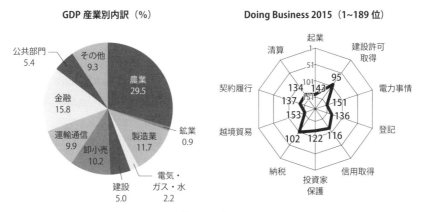

（出所）世界銀行グループ "Doing Business 2015" 他、公開資料をもとにNRI作成

での各品目の輸入額の変化率から2020年までの主要品目を推測すると、鉄等の素材に関する輸入額が輸送機械の輸入額を上回る可能性がある。

　さらに、IFCによる投資実績をみると、宿泊施設・観光、農林水産、化学、教育、発電、金融、食品・飲料、第一次金属、パルプ・紙、繊維・衣料、輸送・倉庫に対して投資を行っているため、こうした市場はすでに市場が確立しつつあり、関連する市場が今後成長していくと読み取ることができる（図表6-8）。

　以上のことから、ケニアは今後日本企業にとっての重要性が高まってくる市場だと考えられる。特に東アフリカへの進出を試みようとする企業にとっ

ては、東アフリカの中核国の一つとして必ず訪問し、東アフリカの動向を把握するための拠点を確立、もしくは現地パートナーを確保しておくべき国だといえる。

## 2 輸出加工区や税制で外資を優遇

ケニアは、土地所有や法人税などに見られるように、ケニア人・ケニア企業と外資を明確に区別する傾向がある（図表6-9）。例えば、土地所有はケニア人・ケニア企業に限定されている。とはいえ、外国企業に対しても長期間のリースが認められており有用である。また、規制ではなく、外資に対する奨励という点に目を向けると、輸出加工区や税制に係る優遇措置がある。ケニアでの事業に関する窓口機関はケニア投資庁であるが、優遇措置のうち、輸出加工区については輸出加工区庁、税制についてはケニア歳入庁が窓口となっている。

**図表6-9 ケニアにおける外資規制等の基本的な制度**

| 窓口機関 | | ケニア投資庁<br>（Kenya Investment Authority） |
|---|---|---|
| 外資に関する規制 | 規制業種 | 保険業、通信業、航空業およびナイロビ証券取引所の上場企業に対する株式保有比率に関し、それぞれ規制がある。 |
| | 出資比率 | |
| | 土地所有 | 原則、土地を無期限で所有できるのはケニア人またはケニア企業に限定されている。外国人または外国企業が土地を所有する場合は、最大99年間のリースを行う。 |
| | 資本金に関する規制 | 投資促進法により、新規外国投資による最低投資額は10万ドル相当と定められている。ただし、輸出加工区（EPZ）に関して最低投資額は定められていない。 |
| 税制 | 法人税 | ケニア法人：30%<br>外国法人：37.5% |
| | （日本との）二国間租税条約 | なし（日本以外では11カ国との間で二重課税防止協定を締結） |
| | その他税制 | 個人所得税、付加価値税、物品税、源泉徴収税等がある。 |

（出所）ジェトロウェブサイト他、公開資料をもとにNRI作成

# 4 タンザニア～治安の良さが魅力で輸送ハブ国になる可能性もある

## 1　2つの主要経済共同体に属し、地理的優位性が高い

　タンザニアは東アフリカでケニアの次に経済成長が進んでいる国であるとともに、海路においてはケニアとともに東アフリカのハブとなっている国である。日本人の中には、ケニアよりもタンザニアを好む人も多い。その理由の一つとして、治安の良さがあげられる。タンザニアでは、よほどのことがなければ、昼間に徒歩で移動することが可能である。もちろん、夜間の移動や危ない地域は避ける必要があるが、アフリカ地域において安心して歩行できる国は貴重な存在である。ケニアと比較してもその安全性は非常に高い。

　また、経済の中心となっているダルエスサラームが港町であることも利点の一つとしてあげられる。ケニアのように港湾都市から経済都市への輸送に頭を悩ますことがない。海産物も容易に採れるため、最近では日本食料理店も増えてきている。タンザニア政府は観光にも力を入れており、キリマンジャロの麓にあるアルーシャには世界中からサファリ観光に人々が集まる。

　タンザニアに関しては、他国とは異なるビジネス上の特徴として2点があげられる。まず、一つめが、アフリカにおいて機能している主要経済共同体であるEAC、SADCの両方に所属していることである。タンザニアのダルエスサラーム港が海路上のハブとなっているのは、EACの枠組みを活用したウガンダ等への輸送・輸出、SADCの枠組みを利用した南部アフリカ・中央アフリカへの輸送・輸出ができる地理的優位性を持ち、これらの経済共同体に参画しているためである。従って、タンザニア政府にとって、港湾機能の拡張は経済成長を促す重要な生命線となっており、現在既存港湾の拡張とともに、新設港湾の設置、バイパス等の港湾からの物流インフラ拡充に関する計画を進めている。

　他方で、関連していくつか課題も存在する。現状では港湾のキャパシティが小さいため、前記の利点を活かしきれていない。ダルエスサラーム港を利

用しようとしても、港に入れる数も少なければ、コンテナを陸揚げしておくスペースも狭く、港湾の深さの問題から入れるタンカーも限られてしまっている。また、空路におけるハブ機能も弱い。ケニアと比較すると、タンザニアから空路で移動できる国は少ない。貨物便の取扱量にしても、東アフリカではケニアだけではなく、エチオピアやウガンダにも劣っている。こうした課題が解決されれば、タンザニアは東アフリカの輸送ハブ国としてケニアを超える存在となる可能性を有している。

2つめの特徴は、タンザニアの経済界は印僑によって支えられていることである。タンザニアの現地企業や大手代理店の経営者のほとんどが印僑である。それ以外の人が経営する大手企業を見つけることのほうが難しい。それほど、印僑が経済界に強い影響力を有している。印僑の経営者も、インド企業とのつながりが強い企業ばかりではなく、純粋にビジネス上の連携効果が高いパートナーを欲している。その意味では、日本企業にとっても印僑は重要なパートナーであり、実際に日本企業と連携している印僑経営者も多い。

こうした現地パートナーと上手く連携していくには、やはりインド式のビジネスコミュニケーションや経営手法に慣れておく必要がある。日本企業がインドで蓄積した経験の活用や、インド法人が有するインド人スタッフの活躍に期待したい。

タンザニアにおける主要市場を他国から輸入している品目の状況から紐解くと、2014年度においては石油燃料をはじめとした鉱物性生産品（資源）の次に建機をはじめとする一般機械・電気機械が多い（図表6-10）。これまでの各

図表6-10　タンザニアにおける主要な輸入品目

|  | 2014年度 | 2014～2020年度における変化 |
|---|---|---|
| 他国から輸入している主要品目 | 鉱物性生産品（資源）、一般機械・電気機械 | 電化製品の輸入額が一般機械・電気機械の輸入額を上回っていく可能性がある |
| 日本から輸入している主要品目 | 輸送機械、鉄等の素材 | 鉄等の素材に関する輸入額が輸送機械の輸入額を上回る可能性がある |

（出所）ITC "Trade Map"（2015）をもとにNRI作成

図表6-11　タンザニア市場主要データ

| 人口<br>（2015⇒2020⇒2025⇒2030,千人） | 52,291⇒60,385⇒69,329⇒79,354 |
|---|---|
| 主要都市と人口（百万人） | ダルエスサラーム3.588（2011） |
| 中間層人口<br>（2015⇒2020⇒2025⇒2030,千人） | 1,367⇒1,572⇒1,753⇒1,954 |
| 名目GDP（2014,10億ドル） | 47.932 |
| IFCによる投資実績（〜2010） | 宿泊施設・観光、農林水産、化学、建設・不動産、金融、食品・飲料、オイル・ガス、鉱物、第一次金属、輸送・倉庫、卸売・小売 |

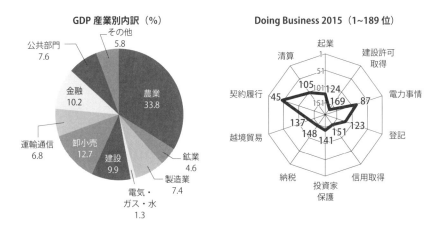

（出所）世界銀行グループ"Doing Business 2015"他、公開資料をもとにNRI作成

品目の輸入量の変化率から5年後の2020年までの主要品目を推測すると、2020年には電化製品の輸入額が一般機械・電気機械の輸入額を上回っていくと考えられる。

　また、タンザニアが日本から輸入している額は、2014年度において輸入全体の約4％にすぎないが、額としては12％弱成長を続けると考えられる。2020年には2014年比で約200％の額に成長すると考えられる。主要品目としては、乗用車等の輸送機械が最も大きく、次に鉄等の素材があがってくる。これまでの各品目の輸入額の変化率から2020年までの主要品目を推測すると、鉄等

の素材に関する輸入額が輸送機械の輸入額を上回る可能性がある。

さらに、IFCによる投資実績をみると、宿泊施設・観光、農林水産、化学、建設・不動産、金融、食品・飲料、オイル・ガス・鉱物、第一次金属、輸送・倉庫、卸売・小売に対して投資を行っているため、こうした市場はすでに市場が確立しつつあり、関連する市場が今後成長していくと読み取ることができる（図表6-11）。

以上のことから、タンザニアは今後日本企業にとっての重要性が高まってくる市場だと考えられる。特に東アフリカへの進出を試みようとする企業にとっては、東アフリカの中核国の一つとして必ず訪問し、ケニアとタンザニアのどちらの国が自社の東アフリカ拠点にふさわしいか検討すべきといえる。

## 2　外資規制は縮小しつつある

タンザニアは1961年の独立後、社会主義的色彩の濃い各種経済政策をとってきた。その後、IMFや世界銀行の支援を受けて、市場経済へと政策を転換したが、例えば、土地は原則としてタンザニア政府に属するなど一部に社会主

**図表6-12　タンザニアにおける外資規制等の基本的な制度**

| | 窓口機関 | タンザニア投資センター<br>(Tanzania Investment Center) |
|---|---|---|
| 外資に関する規制 | 規制業種 | 外国企業による投資に対して規制は設けていない。ただし、観光業や漁業、金融業、保険業、通信業、鉱業など、特定の分野への投資に関しては、各監督官庁から提示される投資条件に基づき、ライセンスを取得する必要がある。このほか、ダルエスサラーム証券取引所の上場企業に対する株式保有比率に関する規制がある。 |
| | 出資比率 | |
| | 土地所有 | 土地法で土地は原則としてタンザニア政府に属することが定められている。外国企業が土地を所有するには、同国政府からの所有許可を得るか、または期限付きのリース契約を行う必要がある。 |
| 税制 | 法人税 | 30% |
| | （日本との）二国間租税条約 | なし（日本以外ではカナダ、デンマークなど9カ国との間で二重課税防止協定を締結） |
| | その他税制 | 個人所得税、源泉徴収税、付加価値税等がある。 |

（出所）ジェトロウェブサイト他、公開資料をもとにNRI作成

義的な制度を残している（図表6-12）。しかし、良好な治安、安定した政治などを強みとして、進出しやすい国として近年注目が高まっている。また、規制業種や出資比率などにおいて、外資規制を縮小してきており、これからの動向が注目される。

## 5 コートジボワール～内戦後の復興需要、景気回復に期待

### 1 電力、水は安定供給され、ビジネス環境は良い

　コートジボワールは、首都だったアビジャンが西アフリカのパリと呼ばれていたほど、一時期急速な経済成長を遂げていた国である。1960年代から80年代に高度経済成長期を迎えていたため、当時はコートジボワールに駐在員を出していた日本企業も多く、そうした駐在員から見てもアビジャンは華やかな都市であった。いまは西アフリカで存在感を強めているナイジェリアやガーナも、当時は紛争や景気低迷に悩まされており、近隣国からの移民も多く存在していた。アフリカの経済発展を支えるアフリカ開発銀行も本社を構えていた。

　しかし、1990年代にカカオ価格の急落とともに経済が停滞しはじめ、2002年から内戦が始まったことにより、経済機能は失われ、アフリカ開発銀行をはじめ、多くの金融機関、外資企業が他国へと拠点を移していった。2011年にようやく内戦が終わり、文字どおり空白の10年間が終了した。そのため、現在はその復興需要による景気回復が期待されている状況である。現地政府も拠点を移した外資企業や海外に逃亡した優秀なコートジボワール人の呼び戻しを重視している。

　治安は良いとは言えないが、安全な地域であれば徒歩で移動することも十分にできる状況である。アフリカの中では珍しく、電力・水の安定供給がな

されており、近隣のナイジェリア等と比べると極めてビジネス環境が良い。電力については、電力の自給のみならず、ブルキナファソなど近隣国に対する電力輸出を行っている。他方で、内戦の間に起こったインフラの老朽化が課題となっており、今後の対応が期待される。

　ナイジェリア、ガーナと異なり、フランス語圏であることから、食品企業の拠点に適しており、実際に日本企業でも味の素が2012年1月に西アフリカ味の素社を設立し、包装工場の建設を行っている。フランスの影響もあってか、食文化は豊かであり、フランスのワインやフランス料理を楽しむことができる。食文化については東アフリカと比較すると格段に充実しており、いまでも過去の華やかさの名残を楽しめる。

　コートジボワールにおける主要市場を他国から輸入している品目の状況から紐解くと、2014年度の主要品目においては建機をはじめとする一般機械・電気機械が最も多く、その後に穀物や電化製品が続く（図表6-13）。これまでの各品目の輸入量の変化率から5年後の2020年までの主要品目を推測すると、こうした主要品目に変化はないと考えられる。

　また、コートジボワールが日本から輸入している額は、2014年度において輸入全体の約3%に過ぎないと推測されるが、額としては10%以上の成長を続けると考えられ、今後の復興状況によっては大幅な拡大も考えられる。主要品目としては、乗用車等の輸送機械が最も大きく、次に一般機械・電気機械があがってくる。これまでの各品目の輸入額の変化率から2020年までの主要品目を推測すると、こうした主要品目に変化はないと考えられる。

　さらに、IFCによる投資実績をみると、宿泊施設・観光、農林水産、化学、

**図表6-13　コートジボワールにおける主要な輸入品目**

| | 2014年度 | 2014〜2020年度における変化 |
|---|---|---|
| 他国から輸入している主要品目 | 一般機械・電気機械、穀物、電化製品 | 大きな変化はないと予想される |
| 日本から輸入している主要品目 | 輸送機械、一般機械・電気機械 | 大きな変化はないと予想される |

(出所) ITC "Trade Map" (2015) をもとにNRI作成

**図表6-14　コートジボワール市場主要データ**

| 人口<br>（2015⇒2020⇒2025⇒2030,千人） | 21,295⇒23,770⇒26,414⇒29,227 |
|---|---|
| 主要都市と人口（百万人） | アビジャン（政府の所在地）4.288、ヤムスクロ（首都）0.966（2011） |
| 中間層人口<br>（2015⇒2020⇒2025⇒2030,千人） | 4,762⇒5,430⇒5,961⇒6,544 |
| 名目GDP（2014,10億ドル） | 33.956 |
| IFCによる投資実績（～2010） | 宿泊施設・観光、農林水産、化学、発電、金融、食品・飲料、工業製品・消費財、オイル・ガス・鉱物、専門・技術サービス、卸売・小売 |

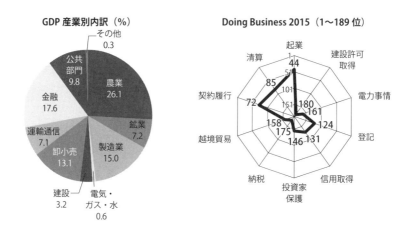

（出所）世界銀行グループ"Doing Business 2015"他、公開資料をもとにNRI作成

発電、金融、食品・飲料、工業製品・消費財、オイル・ガス・鉱物、専門・技術サービス、卸売・小売に対して投資を行っているため、こうした市場はすでに市場が確立しつつあり、関連する市場が今後成長していくと読み取ることができる（図表6-14）。

　以上のことから、コートジボワールは今後日本企業にとっての西アフリカのフランス語圏市場において、ますます重要性が高まってくる市場だと考えられる。特に食品関連企業にとってはアフリカにおける重要拠点であり、必

ず訪問すべき国だといえる。今後、アフリカ全体の成長が続き、西アフリカの事業を検討する企業が増えれば増えるほど、コートジボワールの存在感は高まっていくことだろう。

## 2 外資規制は経済圏の方針次第で変わる可能性がある

コートジボワールの特徴として、規制業種という形で制限は設けていないが、対象となる活動を行う人を限定するなどの制限はある。例えば、専門職（弁護士、公認会計士、競売人、医薬品販売業など）はコートジボワール国籍

図表6-15 コートジボワールにおける外資規制等の基本的な制度

| | 窓口機関 | コートジボワール投資促進センター<br>(Centre de Promotion des Investissements en Cote d'Ivoire) |
|---|---|---|
| 外資に関する規制 | 規制業種 | 国内、外資企業の間で区別を設けていない。 |
| | 出資比率 | 100%まで出資可能。ただし、政府協議や行政指導のかたちで現地資本の参加、あるいは途中から外国資本の出資比率逓減が求められることがある。 |
| | 土地所有 | 工業用地など30年（2回更新可能）の長期賃貸借契約による使用、開発権は、認可を受ければ可能。ただし、用途変更、転貸借は禁止されている等の制限がある。 |
| | 資本金に関する規制 | 〈有限会社の最低資本金〉<br>100万CFAフラン（会社設立時に全額払込み）<br>〈株式会社の最低資本金〉<br>1,000万CFAフラン（会社設立時に最低4分の1の払込みが必要、3年以内に全額を払い込む）。なお、上場会社の場合、最低資本金は1億CFAフランになる。<br>※加盟するアフリカ商法調整機構（OHADA）で規定される会社法が適用されている。 |
| 税制 | 法人税 | 法人：25%<br>個人事業主：20%<br>電気通信・ICT分野の企業：30% |
| | （日本との）二国間租税条約 | なし（日本以外で、フランス、ドイツなど9カ国との間で二重課税防止協定を締結） |
| | その他税制 | 利益税、動産資本所得税、付加価値税等がある。 |
| 外国企業の会社設立手続き等 | | 外国企業の事業形態には、会社設立、支店設立、駐在員事務所設立がある。ただし、駐在員事務所は設立2年後に現地法人に移行しなければならない。 |

(出所) ジェトロウェブサイト他、公開資料をもとにNRI作成

保有者にしか許されていない。

　他方、法人に対しては、例えば、有限会社や株式会社の最低資本金において適用される規制が、アフリカ商法調整機構で規定される会社法が適用されるなど、経済圏に立脚した制度を適用しているという特徴がある。他にも、西アフリカ経済通貨同盟（UEMOA）が設定する関税や手続きなどを採用しており、今後経済圏の方針・対応が変わることで、コートジボワールにおける規制が変わる可能性がある。

## コラム⑥ アフリカの食べ物を楽しむ

　アフリカでの食事というと、何を思い浮かべるだろうか。最近では、主要国の首都にいれば中華料理、日本料理をはじめ、韓国料理、タイ料理、フランス料理、イタリア料理、ブラジル料理と様々な料理が食べられる。特に、北アフリカ・西アフリカ地域でフランスの植民地・保護領であった国においては、格安のフランス産ワインに腕の立つシェフが調理したフランス料理を食することも可能である。また、南アフリカにおいては、南アフリカ産のワインに沿岸でとれるシーフード、そして上質な南ア産牛肉を食べることができる。あまり焼かずにレアもしくはミディアムレアで食べると赤ワインに合って非常においしい。

　しかし、せっかくアフリカに来たのであれば、アフリカ特有の食べ物も味わっておきたい。

　まず、外せないのが穀物の粉や芋類を砕いたものを湯で練り上げた伝統的な食べ物である。ケニアやタンザニアにおいてはトウモロコシを用いたウガリ、ザンビアではンシマ、ウガンダではポショ、そしてガーナではキャッサバやヤムイモから作るフフと呼ばれるものである。どれもあまり味はなく、味の濃いスープや肉・野菜と一緒に食べるのが一般的である。現地では誰もが食べる主食で、日本の白米のような存在なのでぜひ食べてもらいたい。

　また、アフリカの地方部では、路上でソルガム（トウモロコシ）等を茹でて販売しているので、食べてみてもらいたい。経験上、沸騰したお湯で煮たり、茹でたりしたものならば、お腹を壊すことはまずない。ただ、食器や手についた菌、一緒に出された水が原因でお腹を壊すことはあるので、注意しながらチャレンジしてほしい。ソルガムは日本のスイートコーンとは違い、一粒一粒が固いが、慣れてくるとその硬さが癖になる食べ物である。

　ほかには、ヴィクトリア湖周辺のケニア、ウガンダ、タンザニアでは

ティラピアやナイルパーチをバナナの葉で包んで調理をした料理もある。こうしたものも新鮮な食材を熱々に料理してもらえば食中毒の心配はない。

　酒は、先述したワインのほか、ビールもよく飲まれる。ケニアのタスカをはじめ、驚くほど美味しい御当地ビールがいろいろある。

　アフリカ主要国の都市部において、不自由なく食事ができるようになってきたからと言って現地の食べ物を食べずにいると、結局は現地の生活実態についてよく理解しないままにビジネスを進めることになる。現地の文化や生活習慣について学ぶためにも、積極的にアフリカ各国の料理を味わい楽しんでほしい。

# 第7章
# コミュニケーションと渡航直前準備のコツ

アフリカ現地調査時の事前準備として、特に (1) コミュニケーション、(2) 渡航直前準備について、詳細に解説する。

- ビザの取得
  「日本のパスポートは最も強い」とはよく言ったものである。しかし、172 カ国への査証免除権を持つ日本パスポートも、アフリカ諸国への入国にはビザを必要とするケースが多い。
- 予防接種
  イエローカード（黄熱病予防接種証明書）の提示を義務付ける他、破傷風、狂犬病など様々な伝染病が存在する国も多い。
  アフリカといえども、各国によってビザの要件や衛生状況が異なっている。大使館や近くの検疫所には最新の情報を確認し、万全の準備を進めておきたい。

さて、昨今アフリカがこれまで以上に注目されている。とはいえ、アフリカを頻繁に訪問する日本人は、欧米・東南アジアを訪れる者ほど多くない。そのためか、先にあげたビザ・予防接種など、制度・要件的な情報は充実している一方、アフリカ現地を巻き込んだ具体的なコミュニケーションや、渡航準備に関する情報は少ない。この章では、初期の接触から訪問時・訪問後の対応まで、アフリカの文化・商習慣に倣うことでより有意義な訪問とする手がかりにしていただきたい。「ずうずうしく、慎重に」がキーワードだ。

# 1 アポイントメント取得から フォローアップまでの流れ

## 1 キーワードは「ずうずうしく、慎重に」

はじめに、アポイントメント取得時から訪問事後のフォローアップまでの各ステップにおけるポイントをまとめた（図表7-1）。

**図表7-1　アポイントメント取得フロー**

| コンタクト | 調整 | 訪問 | フォローアップ |
|---|---|---|---|
| ・メールか電話。レスポンスは比較的早い<br>・コンタクト先候補は、手札確保のため複数選定しておく | ・日時は直前まで確定しない<br>・アポイントメントを獲得したコンタクト先の関連組織人物にもコンタクト | ・手土産が必須。場の雰囲気作りを重視する<br>・直前キャンセルに備え、第二・第三プランも用意 | ・重要な情報はその場で得る<br>・ビジネスの場でも、人間的・雑談的コミュニケーションが重視される |

①コンタクト

アポイントメント取得対象となるコンタクトリストを作成する際は、関連企業・個人事業者など、複数の候補を検討する必要がある。アフリカの通信状況は飛躍的に改善しており、またスマートフォン普及率も向上しているため、現地からの返信は早い。一方、良くも悪くもフランクなやり取りが多く、直前キャンセルや適当なレスポンスもままある。希望するアポイントメント先に地理的に近い場所に第二・第三プランとして予備のアポイントメントを取っておくなど、慎重に保険をかけておきたい。

②調整

1つアポイントメントが取れれば、「しめたもの」である。ずうずうしいくらいでちょうどいいと割り切って、手持ちのコンタクト先から可能な限り様々

な関連組織・人を紹介してもらい、手札にしておくとよい。この時、多少調査内容との齟齬を感じても、つなげられるコネクションは確実にものにしておくことを勧める。偶然に得たコンタクト先が、別件で有効な切り札になるケースがあるからだ。視野は広く持っておくに越したことはない。

③訪問

　一通りスケジュールが埋まり、晴れて現地訪問となれば、手土産の持参は絶対に必要である。初対面からのアイスブレイク、別れのシーンでの印象付けなど、使いどころは様々にある。特に現地の人向けには、日本的な絵柄の入った砂糖菓子や折り紙などが喜ばれる。訪問時に手渡しし、その場で開けてもらうと、場の雰囲気もぐっと良くなる。その他、日本製の文房具、電子機器など、日頃当然に使っているものに対して興味を示す現地人も多い。

④フォローアップ

　仕事仲間との付き合い方は日本に似ており、ランチや娯楽、飲みなど、仕事外でのつながりも重視される。現地人は、特に異文化への関心が非常に強く、日本人に興味を持って積極的に誘ってもらえることも多い。アフリカでは、ビジネスシーンにおいても人間性・雑談的コミュニケーションが良くみられている。今後のためにも、断る場合は慎重になったほうが良いかもしれない。飲み会を現地におけるフォローアップと位置付ければ、直接情報の開示を求める最後のチャンスとなる。これもずうずうしいくらいになって、その場で聞きたかった情報のすべてを聞き遂げることを勧める。

## 2　アポイントメント取得で注意すべきこと

　アジアブームの影響もあり、特に東南アジア途上国への訪問経験がある方は多いかもしれない。しかし、同じ「途上国」の色眼鏡でアフリカ渡航の心づもりをしてしまうと、文化・慣習の差に驚かされることとなる（図表7-2）

①アポイントメント取得時期

　アポイントメント取得開始は、渡航予定の2カ月前には取りかかりたい。東

図表7-2 アジアとアフリカの違い

|  | アフリカ | 東南アジア |
|---|---|---|
| アポ取得時期（推奨） | 数カ月前 | 数日前 |
| 事前調査 | 必須 | 有効 |
| 情報提供 | 任意 | 必須 |
| コネクション | 必須 | 有効 |

南アジアでは、3日前〜当日の単発アポイントメントでも柔軟に受け入れられがちだが、アフリカでこのような柔軟さは期待しないほうがよい。

・2カ月程度前

　まず、数カ月前に手紙・メールで訪問要請や関連資料を送っておく。自己紹介など添えてもよい。ただし、基本的には読まれず放置されているものと思うべきである。また、資料を送付する際には、正式な依頼であることを示すために、会社のロゴ等を用いたレターヘッドと組織長直筆のサインを添付することが望ましい。

・2週間程度前

　訪問数週間前になったら、先に送付した手紙・メールに関し、「確認してほしい」という体裁を取り再度アプローチする。ここでやっと、2カ月前に仕込んだ口実が活かされることとなる。この時は、可能な限り早い返信が期待できる手段（メールか電話）を取りたい。ただし、この段階で2カ月程度前に送付した資料がすでに捨てられている場合もあるため、改めて資料を送付できるように送付の準備をしておくことが望ましい。

②事前調査

　当然ではあるが、アポイントメント取得期間中は情報収集にも時間を割く。事前調査は、アジア以上に慎重に行う必要がある。アフリカでのミーティングは、思う以上に物事が進まないことを覚悟すべきである。「詳細は後ほど」と言って決定を先延ばしにしても、日本はおろか、東南アジアでも通用するような口約束による契約意識はまったくもって希薄だからだ。得たい情報は確実にミーティングで聞けるよう、事前に得られる知識をできる限りインプットしておく必要がある。

③情報提供

　交換条件としてその場で情報提供を行う必要性は、アジアほど高くない。アジア諸国では、日本との対等・対抗意識が高く、訪問にあたって相互が確実にWin-Winの関係となるような秘密・最新情報を小出しにするのが一つの外交手段となる。一方、アフリカでは、Win-Winを追求する以前に、日本人からこの先どんな支援が得られるか、何を支持してもらえるか、というところに関心が置かれる。このため、情報のやり取りではなく、先方から情報を得るかわりに自分たちが当該国、もしくは訪問先組織に具体的にどのような機会や利益を提供できるのかを明確に伝えることに注力すべきである。

④コネクション

　以上の点に十分に配慮しつつ、アポイントメント取得時に最も生きるのが「コネクション」である。アジアでもコネクションは「有効」とされるが、アフリカにおいてコネクションはもはや「必須」といえる。現地に精通している有識者の紹介があるだけで、コミュニケーションが大変スムーズになる。コネクションを利用したアポイントメント取得のパターンは、大きく二段階に分かれる（図表7-3）。

・現地につながりがある組織・人物との関係作り（A、B、C）
　現地に豊富な人脈を有する組織に仲介を依頼することが最も確実である。仲介を依頼する際に、まずアプローチをしておきたいのが政府系機関（在京

図表7-3　コネクション形成方法

| | | 確率 | 対象 | メリット | デメリット |
|---|---|---|---|---|---|
| A | アポイントメント取得サービス（民間企業） | 高～低 | （ローレベル）<br>・日系企業従業員<br>・現地民間企業従業員<br>・個人・個人事業者 | ・アポイント取得だけでなく、事前ヒアリング・調査も委託可能<br>・ホテル・車両手配を含めた渡航手配まで一括で頼める | ・有料<br>・サービスによって価格・確実性にばらつきがある<br>・有用な事業者を把握している人が少ない |
| B | 政府系機関（在京タンザニア大使館） | 高 | （ハイレベル）<br>・現地政府関係者<br>・日本人経営者・有識者<br>・日本在住タンザニア人<br>・現地民間企業経営者　　他 | ・照会先によるが確実性が高い<br>・政府要人の個人的なつながりにもとづく紹介が多い | ・依頼に伴う煩雑な事前準備<br>・日程調整は自力 |
| C | ジェトロ引き合いサービス | 高 | ・日系企業従業員<br>・現地民間企業従業員 | ・指定の外国企業とのマッチング・コネクション形成が容易 | ・有料<br>・依頼に伴う煩雑な事前準備<br>・緊急対応は不可 |
| D | イベント参加（日本開催） | 低 | ・個人（アフリカ現地人） | ・現地人とのコネクション形成<br>・イベントのテーマに応じて適切なマッチングが可能 | ・不確実性が高い |
| E | イベント参加（現地・欧州開催） | 中 | ・日系企業<br>・現地民間企業<br>・個人・個人事業者 | | |

大使館・在外公館）だ。アフリカ関係者のネットワークは、欧州や東南アジアに比べまだ大きくない。コアとなる政府系機関の要衝人物と関係性を築くことができれば、網目が埋まるように関係機関・人物とのコネクションが形成されていく。しかし、その際には自分たちの取り組みが対象国に対して、どのような社会的役割を果たすものなのかを明確にしておく必要がある。

また、アフリカ主要国においては、民間アポイントメント取得サービス（アフリカ仲介ビジネス）も増加している。民間サービスには、事前ヒアリング、現地調査など、政府系機関にない支援サービスも充実している。他方で、企業によって価格・信頼性にばらつきがあるのも事実であるため、信用できる有識者から有用な事業者を紹介してもらうことが必要である。その際、注意

しておきたいのは、紹介してもらった企業・人物について多面的に評価できるように、複数の有識者に協力をしてもらうことである。アフリカでは、正しい情報と誤った情報が混在していることが多い。そのため、複数の情報源を持つことで、自分なりの客観的な判断をできるようにしておくことが望ましい。

• 個人のネットワークを使ったアポイントメント取得（D、E）
　アフリカ関連ネットワークの一員となれば、現地の企業・人物を芋づる式に紹介してもらえる。手順①でのネットワーク参画と比べ、確実性は低い一方、事前準備や予算が必要なく、効率的に時間が使える。そのため、タイミングが合えば、イベントへの参加も選択肢の一つになるだろう。日本国内でも、アフリカ関連のイベントやセミナーが度々開かれており、個々人の人脈形成の場として有効である。開催内容がピンポイントで自分の関心に合致している場合など、非常に効率が良い。国内のみならず、現地・ヨーロッパなど近隣諸国の見本市などを幅広く見ることで、チャンスが増えることだろう。

# 2　渡航直前の準備で気をつけるべきこと

### 1　持ち物リスト

　「パスポート、旅券、金さえあればなんとかなる」とはよく言ったものだが、そうは言っても初めてアフリカに出張する場合は十分な準備をしておいたほうが心理的な疲労が少なくなる。そのため、本書では一般的に準備するものの他、アフリカ渡航で特に準備しておきたいものをいくつかご紹介したい。中心地を少し外れるだけで、物資の現地調達が難しくなる。特に身を守るため必要と思うものはできるだけ持参したい（図表7-4）。

図表7-4 持ち物リスト

| 対策 | 持ち物 | メモ |
|---|---|---|
| 風土病対策 | イエローカード（黄熱病ワクチン接種証明書） | ないと入国できない国もある<br>※各領事館・大使館への問い合わせ推奨 |
|  | 蚊予防スプレー、虫さされ薬 | マラリアのリスクがある国では必須 |
|  | 長袖・長ズボン | 日よけ・虫よけのためなるべく肌を覆うこと |
| 盗難・強盗対策 | 防犯ブザー | 不要。現地文化では機能しないため、まず襲われない努力を |
|  | 携帯電話 | 手に持って動かないこと。特に郊外では強奪の恐れあり |
|  | カメラ | 手に持って動かないこと。写真撮影の際襲われることも |
|  | 腕時計 | 高価な貴金属は強奪の恐れあり |
| 食事対策 | 簡易食品 | カロリーメイト、ビスケットなど |
|  | 常備薬 | 飲みなれた痛み止め、風邪薬等 |
|  | 整腸剤 | 菌がそのまま残ってしまうため、下痢止めは使わないこと |
|  | 除菌シート | 手・食器を拭くため。衛生環境には気を付ける |
| 日焼け対策 | 日焼け止め | 日差しは非常に強く、日焼け対策が必須 |
|  | サングラス・帽子 | 同上 |
|  | 冷却スプレー・制汗スプレー | 現地では手に入りにくいため |
| その他 | 領収書 | 常備されていない店も多いため |

①風土病対策

　地域差はあるものの、アフリカの医療機関はまだまだ日本水準に後れをとっている。風土病にかからないためには、事後の治療よりも事前の予防策に力を入れたい。生野菜や果物、加熱されていない肉・魚は避け、飲料水も必ずミネラルウォーターを買う。また、虫刺されから発症する伝染病に備え、蚊取り線香や虫よけスプレーを常備しておくとよい。万が一の時のため、応急処置用の痛み止めや整腸剤（下痢止めは使わない）・虫刺され薬は携帯しておきたい。

②盗難・強盗対策

　医療機関と同じく、警察組織も日本のレベルには程遠い。まず、警察が味

方とは限らない。さらに、詐欺・スリのように狡猾ながら身体的危害の少ない東南アジアの犯罪とは異なり、真っ向から傷つけるような暴力事案も発生し得る。盗る側の視点から考えた場合、そのほうが効率的で短期的に利益が得られるからである。風土病と同じく、襲われないための予防・対策に気を付ける必要がある。

　携帯電話や腕時計など、ただでさえ目立つ風貌を一層際立たせるような貴重品は、公共の場では見せないのが得策だ。例えば、車の窓を開けて携帯やカメラで街中の写真を撮る等の行動は避けたい。すぐに人が寄ってきて、携帯やカメラを取られてしまうどころか、下手をすると身に危険が及ぶことすらある。アフリカでは信号待ちをしている車を狙う強盗も多いため、リスクを下げるためには強盗が狙ったとしても得られる利益が少ないように見える工夫が効果的である。リストには、持参「不要」物として、あえて防犯ブザーをあげている。ブザー音による助けは期待せず、「警戒心」を忘れないのが一番だ。


③日焼け対策
　アフリカの日差しは非常に強い。日焼け止めの他、虫よけ対策も兼ね、常に長袖・長ズボンの着用が推奨される。気温がとても高い場所に行く際は、冷却スプレーなども持参したい。


④食事対策
　アフリカ主要国であれば、カップラーメンなど、日本のインスタント食品は比較的簡単に入手することができる。このため、食品の持ち込みにトランクスペースの多くを割く必要はない。重量を超えてあまりに多くのものを持ちこむと、税関で止められたり、通関に際し賄賂を要求されたりするケースもある。食中毒対策として、念のため持ち運びやすい簡易食品を携帯する程度で良いだろう。また、外食の際、食器や手を拭く除菌シートがあれば衛生面も安心である。さらに、アジアでも同じだが、食中毒の被害にあったとしても、下痢止めは使わず、整腸剤を使うことで毒素を早めに体内から出すことが望ましい。

## 2　ハプニング対応

　以上の準備をもってしても、想定外の事態に見舞われる可能性を念頭に入れておきたい。直前まで確認できていたアポイントメントも、直前にドタキャンされてしまったり、約束が通っていなかったりする場合がある。場合によっては、急に休日になった、と門前払いされてしまうこともある。このような事態に備え、事前にBプランを作っておくなど、できるだけ無駄のない旅程になるよう考慮しておきたい。

　予備のアポイントメントはぎりぎりまで保持しておくことを勧める。もちろん、時間的制約から予備のアポイントを使わない事態が発生した場合には、丁重に謝罪するとともに後日訪問できる時期を伝えておくことが大事だ。日本と同じで誠意を示すことは非常に重要である一方で、アフリカでは先の予定について事前に伝えた時期の正確性は重要ではない。そのため、3カ月後と言って結局1年後に訪問することになったとしても、約束を守って訪問したことを喜んでくれる人も多い。もちろん、その際には先の失礼を謝罪するとともに、その分のお詫びに値するお土産を持参することが望ましい。

　その他、訪問先周辺の地図を確認し、近くの企業に飛び込みで訪問できるように準備をしておくことや、時間があれば視察したい地域を特定したりしておくなど、貴重な現地調査の機会を存分に活かせるよう、綿密に計画を立てておくことをお勧めする。

　アフリカへの渡航に、ハプニングは付きものである。想定される様々なリスクをできるだけ低減するため、余念のない準備が必要だ。満を持して、楽しく実りある訪問・滞在としたい。繰り返しとなるが、「ずうずうしく、慎重に」を忘れずに。

## コラム⑦ アフリカにおけるBoPビジネス

　アフリカにおいて急速に中間層人口が増加している。アフリカ開発銀行によれば、アフリカの中間層人口は2020年には2000年時点の中間層人口の2倍近い4.35億人に達すると推測されている。こうした中間層人口急増の背景には、BoP層の所得向上がある。BoP層とは、年間所得3000ドル（PPP）未満の人々を指し、こうした人々を消費者、またはビジネスパートナーとするビジネスをBoPビジネスという。

　近年、世界中の企業が将来の中間層人口であるBoP層に注目し、彼らの抱える社会課題を解決し、新たな市場を創造するためにBoPビジネスを推進してきた。アフリカでは住友化学やヤマハ発動機、味の素といった日本企業がBoPビジネスの先行企業として高い評価を受けている。それ以外にもアフリカにおいては多くの日本企業がBoP層との接点を持っている。BoP層が多いアフリカにおいては、外資企業のビジネスを支える販売店、修理工、物流網等のビジネスインフラがBoP層によって構築されているためである。

　一般的なビジネスバリューチェーンを構築するために関係構築が必須になるBoP層だが、それだけではなくBoPビジネスによって、BoP層の所得向上を促すことができれば、将来彼らが形成する中間層市場において競争優位性をも確保することができる。他方で、BoPビジネスは所得の低いBoP層に注目したビジネスであるため、収益、そして事業の継続性を確保することが課題となることが多い。

　筆者が慶応義塾大学メディアデザイン研究科とともに、世界中のBoPビジネスの成功事例111事例を分析したところ、「財務的に持続可能な事業であること」・「社会インパクトが大きいこと」の双方を満たす事例から複数の事例に共通する15のビジネスモデル・パターンが抽出できることがわかった。その中でも、特に収益性向上に寄与するパターンの一つとして「ホールピラミッド（Whole Pyramid）モデル」が存在する。

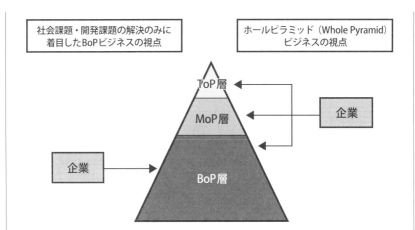

　ホールピラミッドモデルとは、ピラミッドの一部に注目した戦略ではなく、ピラミッドの全体への展開を重視したビジネスモデルである。BoP層だけに注目したニッチ戦略ではなく、すべての顧客に目を向けた全方位戦略であるホールピラミッドモデルは、顧客全体に共通のビジネスインフラや製品・サービスコンセプトを用いながらも、富裕層には富裕層向けの製品・サービス、中間層には中間層向けの製品・サービス、BoP層にはBoP層向けの製品・サービスとあらゆる層に対する製品・サービスを展開する。それによって、富裕層向け製品・サービスでは利幅を大きくし、逆にBoP層向け製品・サービスでは利幅を小さくする代わりに顧客数を増やし売上の拡大と将来の顧客基盤の確立を行うといったことが実現できる。

　例えば、住友化学は、東アフリカを中心にBoP層に対して防虫蚊帳であるオリセットネットを流通させていることで有名だが、最近ではデザイン性の富んだオリセットネットクラシックという製品も販売している。オリセットネットクラシックは、通常の防虫蚊帳の3倍くらいの価格の高級製品であるが、現地の高級スーパーであるケニアのナクマット等で販売され、蚊帳をインテリアの一部として使いたい現地の中間層からの評判が高い。

　アフリカは急成長している市場である。だからこそ、ある瞬間の市場

にのみ着目するのではなく、市場がどう変化していくのかを読み取って事業を改善していくことが重要である。そして、そのためには、中間層やBoP層といった一部の顧客ではなく、全体の市場を俯瞰して、現在の収益性と将来性の双方を見据えた戦略を推進していく必要がある。

# おわりに

　第5回アフリカ開発会議（TICAD V）が2013年6月に開催されてから約1年の間に、日本企業のアフリカ進出に関して大きな動きがあった。多くの日本企業がアフリカ市場進出を本格的に検討し始めたことである。野村総合研究所のアフリカチームに対しても問い合わせが多数寄せられており、チームを拡大しなくては対応できないほど支援を求める企業の数が増加してきている。

　これまでは日本政府の支援制度を活用した、新規事業のフィージビリティースタディー（実現可能性調査）に関する相談が多かったが、最近は公的資金に頼らずアフリカ市場への進出を検討する企業が増えている。進出の段階に関しても、これから進出を検討する企業から、輸出のみで対応してきた企業、すでに現地で長年事業を展開している企業、1つの国で成功した事業を同地域内の他国に横展開したい企業、急速な市場進出をM＆Aを通じて行おうとしている企業など、様々な段階にある企業から支援を求められるようになった。

　そのため、私たちもフィージビリティースタディー支援以外に、アフリカ進出戦略の策定から、パートナー企業探索・交渉、M＆A後の統合手続き（PMI：Post Merger Integration）、現地販売代理店の販売拡大に向けた資金調達、アフリカ地域内の事業横展開、アフリカビジネス人材育成に至るまで、多岐にわたる支援を行っている。こうした状況から、TICAD Vの前と後では、日本企業のアフリカ市場に対する投資意欲は明らかに異なっていることが手に取るようにわかり、すでにアフリカビジネスの夜明けが始まっていることを実感している。

　このように急速に加速し始めた日本企業によるアフリカ市場への進出の動きは、アフリカ各国政府や国際機関から歓迎されている。国連工業開発機関（UNIDO）の"Trade and Investment Analysis of the EAC Region"という調査に

よると、日本企業は他国企業と比べて、進出をいったん決めると、工場建設等の投資に結びつく確率が高く、そのため現地での雇用増大にも貢献することが多いという事実が判明している。それゆえに、他国企業よりも日本企業の進出は歓迎されやすいといえる。

　他方で、実際に進出している企業数をみると、日本企業はまだ少ない。例えば、UNIDOの調査対象となった東アフリカ共同体（EAC）で事業を推進する企業の所属国の内訳をみると、英国142社、インド200社、米国43社に比べて、日本は7社と、欧米企業だけではなく新興国企業と比較しても圧倒的に少ない。このような状況から、日本企業の意思決定の遅さを嘆くアフリカ各国政府の要人も少なくない。

　しかし、これまで述べてきたとおり、滞っていた日本企業の意思決定に、今まさに変化が生じようとしている。本書の読者においては、日本企業がアフリカ市場の経済成長に貢献するとともに、世界市場での存在感を増大させていくために、ぜひ明日からでも具体的な活動を始めてもらいたい。そのために、本書を少しでも役立てていただけるなら幸いである。

**主要執筆者**

小池　純司（全体編集、第1章、第4章、第6章）
　グローバルインフラコンサルティング部グループマネージャー／上級コンサルタント
　専門は新興国（主に中東・アフリカ）市場向け事業戦略・参入支援など

平本　督太郎（全体編集、第1章、第2章、第3章、第4章、第5章、第6章、第7章、コラム）
　グローバルインフラコンサルティング部主任コンサルタント
　専門はアフリカ市場進出支援、BoPビジネス支援、コーポレートベンチャー制度構築・運用支援、CSR戦略策定支援、次世代経営人材育成など

**執筆に関わったアフリカビジネス推進事務局メンバー**

中島　久雄（第3章）
　経営役 コンサルティング事業本部 グローバル担当兼 NRIインド社長 兼 NRIAPAC副社長

磯崎　彦次郎（第6章、第7章）
　NRIインド出向、上級コンサルタント
　専門は事業創造戦略、経営評価、人材育成など

門林　渉（第3章、第4章）
　NRIインド出向、事業戦略コンサルティング部門グループマネージャー
　専門は事業戦略立案、M＆A・提携実行支援、営業改革、インフラ案件組成など

中尾　実貴（第6章、第7章）
　ICTメディア産業コンサルティング部コンサルタント
　専門はグローバル事業戦略立案、海外市場進出支援、スマートシティ戦略など

アルピット マトゥール（第3章、第4章）
　NRIインド事業戦略コンサルティング部コンサルタント
　専門は事業戦略立案、営業改革、インフラ案件組成など

## アフリカ進出戦略ハンドブック

2015 年 12 月 24 日発行

著　者──野村総合研究所　小池純司／平本督太郎／
　　　　　　　　　　　　　アフリカビジネス推進事務局
発行者──山縣裕一郎
発行所──東洋経済新報社
　　　　　〒103-8345　東京都中央区日本橋本石町 1-2-1
　　　　　電話＝東洋経済コールセンター　03(5605)7021
　　　　　　http://toyokeizai.net/
本文デザイン・DTP……アイランドコレクション
印　　刷………………東港出版印刷
製　　本………………積信堂
編集担当……………藤安美奈子　　　Printed in Japan　　ISBN 978-4-492-44424-5

　本書のコピー、スキャン、デジタル化等の無断複製は、著作権法上での例外である私的利用を除き
禁じられています。本書を代行業者等の第三者に依頼してコピー、スキャンやデジタル化することは、
たとえ個人や家庭内での利用であっても一切認められておりません。

　落丁・乱丁本はお取替えいたします。